Die Museumsinsel

KAIJA VOSS

DIE MUSEUMSINSEL

Geschichte und Gegenwart

In Zusammenarbeit mit
bpk – Bildagentur für Kunst, Kultur und Geschichte, Berlin

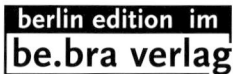

Bibliografische Information der Deutschen Nationalbibliothek
Die Deutsche Nationalbibliothek verzeichnet diese Publikation
in der Deutschen Nationalbibliografie; detaillierte bibliografische
Daten sind im Internet über http://dnb.d-nb.de abrufbar.

© berlin edition im be.bra verlag GmbH
Berlin-Brandenburg, 2011
KulturBrauerei Haus 2
Schönhauser Allee 37, 10435 Berlin
post@bebraverlag.de
Lektorat: Robert Zagolla, Berlin
Umschlag: Ansichtssache, Berlin
Layout & Satz: typegerecht, Berlin
Schrift: DTL Dorian 9,5/13,5 pt
Druck und Bindung: TPC
ISBN 978-3-8148-0186-5

www.bebraverlag.de

INHALT

SPREE-ATHEN

Vom Küchengarten zum Hort der Kunst

Die Berliner Museumsinsel ist ein weltweit einmaliges Kulturensemble, das in seiner Bedeutung keinen Vergleich mit dem Louvre in Paris oder dem British Museum in London scheuen muss. Millionen von Touristen aus aller Welt besuchen jährlich die Insel mit ihren fünf Museen, die seit März 1999 auch offizieller Bestandteil des UNESCO-Welterbes ist. Ihr kostbares Innenleben umfasst sechs große archäologische Sammlungen, vom antiken Mittelmeerraum bis zum Vorderen Orient, sowie Kunstwerke aus dem 19. bis zum Anfang des 20. Jahrhunderts. All diese Schätze befinden sich auf der nördlichen Spitze der im Zentrum Berlins gelegenen Spreeinsel, einst in direkter Nachbarschaft zum Stadtschloss, das nach dem Zweiten Weltkrieg gesprengt wurde, in naher Zukunft aber als Humboldt-Forum wieder auferstehen soll.

Im Mittelalter war der Norden dieser Insel noch eine sumpfige Flussaue. Am südlichen, etwas höher gelegenen Ende des insgesamt 1,5 Kilometer langen Areals lag Cölln, die Schwesterstadt des damals deutlich kleineren Berlin. Um die Mitte des 17. Jahrhunderts wurde die spätere Museumsinsel daher *Cöllnischer Werder* genannt; das Wort »Werder« bezeichnet ein von Wasser umgebenes oder auch trockengelegtes Gebiet. Und tatsächlich: Durch Anlage eines Entwässerungsgrabens, dem heutigen Kupfergraben, wurde damals aus dem Sumpfgebiet in der Mitte der Stadt eine zum Stadtschloss gehörende Gartenanlage. Sie bestand aus einem Küchengarten, einem künstlerisch gestalteten Lustgarten und einem Botanischen Garten. Erst einhundert Jahre später sollte auf

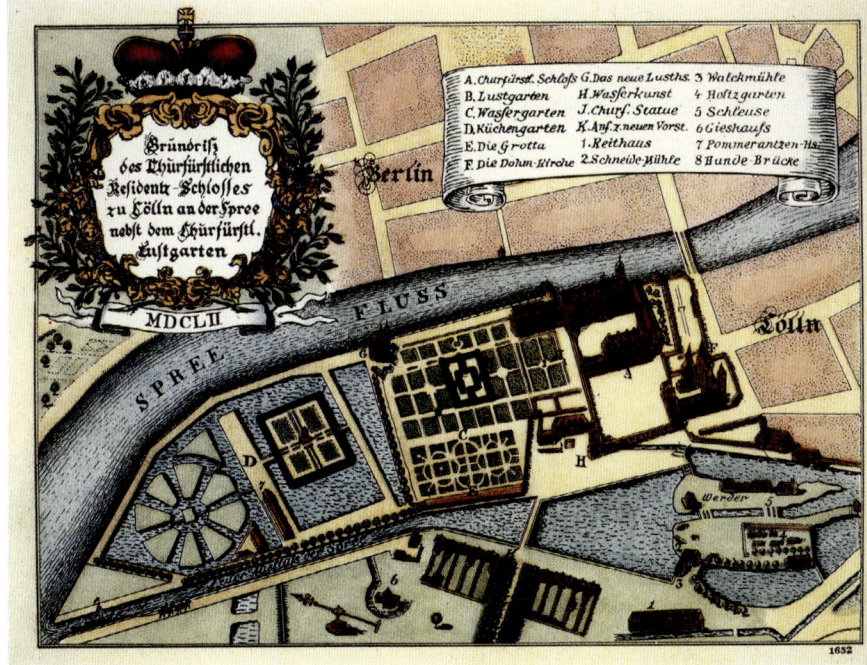

dem Werder ein Hort der Kunst und Wissenschaft entstehen.

Im Jahre 1658 nutzte der preußische Herrscher Friedrich Wilhelm, der Große Kurfürst, das Areal zunächst als Teil einer Befestigungsanlage, mit der die Doppelstadt Berlin-Cölln gegen militärische Angriffe geschützt werden sollte. Unter der Leitung des Ingenieurs Johann Gregor Memhardt wurde die Stadt zur modernen Festung ausgebaut. Noch mehr Gräben durchzogen die Insel, ein Teil wurde durch die Verteidigungsanlagen sogar davon abgetrennt und lag damit außerhalb der Stadt.

Linke Seite:
Die Museumsinsel,
2010

Die Spree war seit jeher eine wichtige Verkehrsader, auf der das Stadtzentrum schnell erreicht werden konnte. So entstand im 18. Jahrhundert gegenüber des königlichen Schlosses, dort, wo sich heute die Museumsinsel befindet, der größte Warenumschlagplatz der Stadt. An eine museale Nutzung dachte damals noch niemand. Wenige Jahrzehnte später aber, als in immer mehr europäischen Städten große öffentliche Museen entstanden (in London seit 1753, in Kassel seit 1779, in Madrid seit 1785), schwang das Pendel auch in Berlin vom Kommerz zur Kunst. Der Altertumsforscher Alois Hirt, Königlich Preußischer Rat und Mitglied der Akademien der Wissenschaften und der Künste, hielt am 25. September 1797 einen Vortrag mit dem Titel »Ueber den Kunstschatz des König(ich)-Preuß(ischen) Hauses«, in dem er erste Gedanken über ein Museum zur Ausstellung antiker und neuzeitlicher Kunstwerke in Berlin präsentierte. Hirt führte seine Idee 1798 in der Denkschrift »Ueber

die Einrichtung eines Königlichen Museums der Antiken, und einer Königl(ichen) Gemäldegalerie« weiter aus und König Friedrich Wilhelm II. reagierte, indem er per Kabinettsordre »eine öffentliche, gut gewählte Kunstsammlung« anlegen ließ. Diese Sammlung sollte bald schon nach einem entsprechenden Bauwerk verlangen.

Ab 1817 wirkte der berühmte preußische Architekt Karl Friedrich Schinkel als Stadtplaner für den Bereich der späteren Museumsinsel. Nach Jahren des Studiums, des Reisens und der Arbeit als Architekt war er 1810 durch die Vermittlung Alexander von Humboldts als Baubeamter in den preußischen Staatsdienst getreten. Schinkel war somit Künstler und Beamter, einerseits voll individueller Schöpferkraft, andererseits einer strengen Disziplin unterworfen und mit Verwaltungsdiensten betraut. Aufgrund seiner Nähe zum König erreichten ihn Aufträge für wesentliche Bauvorhaben und zentrale Bau-

plätze, wo er seine eigenen Vorstellungen in vielen Fällen durchsetzen konnte. Es gibt eine regelrechte von Schinkel geschaffene »Berliner Stadtlandschaft«. Nach seinen Vorschlägen wurde nun auch die Spree reguliert, der zwischen Zeughaus und Museumsinsel fließende Kupfergraben begradigt und in der Uferzone ein »Hafen für die beladenen Schiffe« eingerichtet, genau dort, wo heute der Zugang zum Pergamonmuseum ist. Über Spree und Kupfergraben ließ Schinkel Brücken bauen: die Schlossbrücke, die Friedrichsbrücke und zuletzt 1825 die Eiserne Brücke.

Von 1824 bis 1834 entstanden hier nach seinen Entwürfen mehrere klassizistische Bauten wie das Mehlhaus, der aus drei Gebäuden bestehende Neue Packhof, das Salzmagazin und, nicht zu vergessen, das erste öffentliche Museum Berlins, das Alte Museum. Damit war der Grundstein gelegt für eine bis heute andauernde Erfolgsgeschichte.

Erstes öffentliches Museum in Berlin: Das Alte Museum. Davor der Lustgarten, rechts der alte Berliner Dom, 1845

Linke Seite oben: Gegenüber dem Stadtschloss befand sich einst der größte Warenumschlagplatz der Stadt, 1777

Linke Seite unten: Die von Schinkel entworfene Eiserne Brücke über den Kupfergraben, Aufnahme von 1905 mit dem Alten Packhof vor dem Neuen Museum

Berühmte Vorbilder: Das 1850 fertig gestellte British Museum in London (oben) und das 1793 eröffnete Musée du Louvre in Paris (unten)

Museen als Bestandteil der höfischen Welt

Als Alois Hirt und König Friedrich Wilhelm II. die Idee eines öffentlichen Museums in Berlin verfolgten, reagierten sie nicht zuletzt auf den Geist der Zeit. In ganz Europa zeigten sich seit Mitte des 18. Jahrhunderts Bestrebungen, Kunstsammlungen öffentlich zugänglich zu machen, England und Frankreich waren dabei die Vorreiter. So wurde 1753 der Grundstock für das British Museum in London gelegt, als der Arzt und Wissenschaftler Sir Hans Sloane seine umfangreiche Literatur- und Kunstsammlung dem Staat übereignete. Das Parlament beschloss, die Sammlung unter dem Namen British

Museum zu erhalten und zu pflegen. Das Museum wurde zunächst in einem Herrenhaus im ehemaligen Londoner Stadtteil Bloomsbury eingerichtet, wo es am 15. Januar 1759 eröffnet werden konnte. Bedingt durch die stetig wachsende Sammlung und steigende Besucherzahlen erfolgte von 1824 bis 1850 der Umzug in ein neues, größeres Gebäude. In Frankreich war es die Französische Revolution, die zur Gründung eines ersten öffentlichen Museums führte. In einem Dekret vom 26. Mai 1791 legte die französische Nationalversammlung fest, dass im Pariser Louvre, dem ehemaligen Königspalast, zukünftig bedeutende Werke der Wissenschaften und der Kunst gesammelt werden sollten. Am 10. August 1793 wurde das Museum eröffnet.

Das Wort »Museum« bezeichnete ursprünglich das Heiligtum der Musen, der antiken Schutzgöttinnen der Künste, der Kultur und der Wissenschaften. Museum wurde daher in hellenistischer Zeit auch der Stadtteil von Alexandria genannt, in dem sich die berühmte und damals weltgrößte Bibliothek befand. Seit dem ausgehenden 18. Jahrhundert behauptete sich das Museum dann als eine Institution, in der Sammlungen bedeutsamer und lehrreicher Gegenstände aufbewahrt, kategorisiert, erforscht und ausgestellt werden. Zunächst waren es Sammlungen ausschließlich für den privaten Gebrauch, zunehmend ab dem 19. Jahrhundert und bis heute sind sie für die breite Öffentlichkeit bestimmt. Schwerpunkt waren dabei zunächst die Naturkundesammlungen, weniger die Kunstsammlungen.

Das Sammeln von Kunstobjekten war lange Zeit den geistlichen und weltlichen Herrschern vorbehalten geblieben. Die »Wunder-« oder »Kunstkammern« deutscher Fürstenhäuser, die in Spätrenaissance und Barock entstanden, gingen aus den noch älteren Raritäten- oder Kuriositätenkabinetten hervor. In diesen Sammlungen wurden die Objekte, anders als heute, trotz unterschiedlicher Provenienz und Bestimmung gemeinsam präsentiert. Sie befanden sich meist in speziellen Räumen innerhalb des herrschaftlichen Wohnsitzes, meist verbunden mit einer umfangreichen Bibliothek. Dabei wa-

Königliche Kunst-
sammlungen: Die
Galerie Friedrichs I. im
Berliner Stadtschloss,
o. J., (links) und die
Bildergalerie Fried-
richs II. im Park von
Sanssouci, gezeichnet
von Adolph Menzel,
1858 (rechts)

ren zwei Raumtypen besonders häufig: die Kammer und die Galerie. Die »Kunstkammer« (oder auch das Kabinett) war eher ein Studierzimmer mit faustischem Ambiente, vollgestopft mit Exponaten, die sich in der Regel aus Kuriositäten, Erinnerungsstücken und Naturobjekten zusammensetzten. Man lagerte derartige Schätze in Kommoden und Kästen, Schubladen und Wandschränken, die bei Bedarf geöffnet wurden. Ein solches Kabinett war Ort der Ruhe und des Studiums und diente dem Disput unter Gelehrten. Im Berliner Stadtschloss befand sich zum Beispiel die »Kurfürstliche und Königliche Kunstkammer«, die hauptsächlich Tafelbilder, Münzen, Medaillen und Antiken umfasste. Dazu kam noch ein Naturalienkabinett mit Seetieren, Korallen, Muscheln und ähnlichen Objekten. Die Kostbarkeiten der preußischen »Silberkammer«, die seit dem Ende des 15. Jahrhunderts nachweisbar ist, sind ebenso wie die Schätze der »Rüstkammer« zu großen Teilen im Dreißigjährigen Krieg verloren gegangen.

Im Gegensatz zur Kunstkammer war die Galerie ein Raum mit offiziellem Charakter, forderte zum sozialen Kontakt, zum Sehen und Gesehenwerden auf. Als wichtigste deutsche Galerie des 16. Jahrhunderts – und auch als eine der frühesten – gilt das Antiquarium der bayerischen Herrscher in ihrer Münchner Residenz. Dieser lang gestreckte Raum mit Tonnengewölbe ist mit 69 Metern Länge der wohl größte Renaissancesaal nördlich der Alpen. In ihm wurde die umfangreiche Sammlung antiker Skulpturen Herzog Albrechts V. präsentiert. In Berlin ließ sich der preußische König Friedrich I. im Jahr 1707 durch den Architekten Johann Friedrich Eosander von Göthe eine Galerie in den zweiten Stock des Stadtschlosses einbauen. Auch andernorts findet man galerieartige Anbauten an bereits vorhandene Gebäude, so zum Beispiel am Schloss im niedersächsischen Salzdahlum, wo Herzog Anton Ulrich von Braunschweig bereits 1701 einen repräsentativen, lang gestreckten Saal errichten ließ. In Dresden und Wien wurden königliche Stallungen in Kunstgalerien umgewandelt.

Bald schon reichten Kammern und Galerien trotz Umbauten nicht mehr aus, um die ganze Fülle der gesammelten Schätze aufzubewahren. Eigenständige Gebäude für die Sammlungen mussten her. In der zweiten Hälfte des 18. Jahrhunderts wurde daher das Museum zu einer wichtigen Entwurfsaufgabe für die Architekten. Zu den ältesten erhaltenen halböffentlichen und autar-

ken Museumsbauten in Deutschland zählt die von 1755 bis 1763 durch Johann Gottfried Büring für Friedrich den Großen erbaute Bildergalerie im Park von Sanssouci bei Potsdam. Sie war vorwiegend für den König gedacht, der dort ungestörte Momente, allein mit seinen beiden geliebten Windhunden, genießen konnte. In einer Zeichnung, auf der man Friedrich mit seinen edlen Tieren durch die Bildergalerie gehen sieht, hat Adolph Menzel später diese Atmosphäre eingefangen. Das lang gestreckte eingeschossige Gebäude mit zentralem Pavillon hatte einen Seiteneingang allein für den König und vom Garten aus angeordnete Türen für Besucher. Nach Voranmeldung und mit Zustimmung des Königs war es Außenstehenden erlaubt, die Galerie zu besichtigen – ein wichtiger Schritt zum öffentlichen Museum.

Zu den ersten eigenständigen Museen in Deutschland gehört auch das Museum Fridericianum in Kassel. Es wurde zwischen 1769 und 1779 für Sammlung und

Bibliothek des Landgrafen Friedrich II. von Hessen-Kassel errichtet. Es handelt sich dabei um jenen Landgrafen, der auch eines der ersten deutschen Denkmalschutzgesetze auf den Weg gebracht hatte, nämlich die »Verordnung, die im Lande befindlichen Monumente und Altertümer betreffend«. Museum und Bibliothek Fridericianum waren in der Woche an vier Tagen für Besucher geöffnet, Aufsicht darüber führte ein Ausschuss von vier Gelehrten.

Ab dem ersten Drittel des 19. Jahrhunderts waren dann – nach dem Vorbild Englands und Frankreichs – immer mehr deutsche Monarchen bestrebt, Museen für die Öffentlichkeit zu errichten. Ausschlaggebend war unter anderem die Niederlage Napoleons, nach der die deutsche Kunstpolitik zu neuem Leben erwachte. In den Napoleonischen Kriegen geraubte Kunstschätze kamen nach Deutschland zurück, ihre Ausstellung gehörte mit zu den Siegesfeierlichkeiten in Berlin. Am 18. November

1815 überholte der preußische König Friedrich Wilhelm III. die Kabinettsordre seines Vorgängers von 1798 mit einer neuen Forderung: Angesichts der begeisterten Ausstellungsbesucher ordnete er die Umgestaltung von Stallungen der Berliner Akademie in ein öffentliches Museum an. Allein, der damalige Hofarchitekt Friedrich Rabe war mit der komplexen Aufgabe anscheinend überfordert, das Projekt geriet immer wieder ins Stocken und wurde schließlich Karl Friedrich Schinkel übertragen. Schon als Mitglied der Kommission, die über die Pläne Rabes befinden sollte, hatte Schinkel eigene Vorstellungen entwickelt, die eine Abkehr vom Umbau der Akademiegebäude nahelegten. Er schlug einen völligen Neubau gegenüber dem Stadtschloss vor: das heutige Alte Museum.

Das Alte Museum wurde am 3. August 1830 zum Geburtstag von Friedrich Wilhelm III. eröffnet, nur zehn Wochen vor einem anderen bedeutenden Museumsbau in Deutschland, der Glyptothek in München. Ihr Architekt Leo von Klenze war bei seinem Studium in Berlin ein Kommilitone von Schinkel gewesen. Beide waren stark vom französischen Architekten Jean-Nicolas-Louis Durand beeinflusst, der in seinem »Precis des leçons d'architecture« von 1817/19 auch Hinweise für den Bau des »idealen Museums« gegeben hatte. Beherzigt haben beide den Vorschlag Durands, jedem Museumsbau eine Rotunde als Auftakt oder Sammlungspunkt zuzuordnen. Klenze entwickelte die Glyptothek gemeinsam mit dem bayerischen Kronprinzen, dem späteren König Ludwig I. Beide waren Anhänger des Philhellenismus, einer neuhumanistischen geistigen Strömung, die sich seit den 1820er Jahren in Europa entwickelt hatte. Damit erklärt sich auch die aus dem Altgriechischen

entlehnte Bezeichnung »Glyptothek« – nach dem Verb »glyptein«, das etwa »in Stein schneiden« bedeutet. Der einem antiken Forum nachempfundene Münchner Königsplatz sollte dem alten Griechenland ein Denkmal setzen und zum Zentrum »Isar-Athens«, dem bayerischen Gegenstück des preußischen »Spree-Athens«, werden. Immer wieder zeigt sich eine gewisse Rivalität

sie damals die größte Galerie der Welt, ein vorbildhafter Bau für viele andere Kunstgalerien. Namensgeber war hier der altgriechische Begriff »Pinax«, der Tafelbild oder Gemälde bedeutet.

Neben Berlin und München entwickelte sich auch Dresden zu einer deutschen Kunstmetropole. Bereits der sächsische König August der Starke hatte sein Augenmerk auf das Sammeln von Kunstschätzen gerichtet. Ab 1711 ließ er durch Matthäus Daniel Pöppelmann auf den alten Befestigungsanlagen der Stadt den Dresdner Zwinger errichten, der als Festplatz und Orangerie, aber auch zur Aufbewahrung königlicher Sammlungen dienen sollte. Friedrich August II., der ab 1836 regierte, beauftragte dann den Architekten Gottfried Semper mit dem Bau einer öffentlichen Gemäldegalerie. 1847 wurde der Grundstein auf einem zentral gelegenen Bauplatz in der Nähe der Elbe, gegenüber von Semperoper, Hofkirche und Schloss, gelegt. Semper verlängerte den Zwingerhof und riegelte ihn durch eine zweigeschossige lang gestreckte Galerie ab, dekoriert im Stil der Neorenaissance. Ähnlichkeiten zur Alten Pinakothek von Klenze sind nicht zufällig. Wesentlicher Unterschied ist der zentrale Pavillon der Dresdner Galerie: durch drei tonnengewölbte Öffnungen im Erdgeschoss, die an einen Triumphbogen erinnern, gelangt man in den Zwingerhof. Die Sempergalerie wurde 1855 eröffnet, vier Jahre bevor auf der Museumsinsel in Berlin der zweite Museumsbau eröffnet wurde: das von Schinkels Nachfolger Stüler entworfene Neue Museum.

1869 beteiligte sich Gottfried Semper auch am großen Stadtentwicklungsprojekt von Kaiser Franz Joseph in Wien. Das Projekt sah den Ausbau der Ringstraße zur repräsentativen, von herausragenden öffentlichen und privaten Bauten gesäumten Prachtstraße vor. Wesentlicher Bestandteil der Planungen waren zwei große Museen, deren Bau 1891 abgeschlossen wurde: das Kunsthistorische und das Naturhistorische Museum. Die beiden sich direkt gegenüberstehenden Gebäude stellen architektonisch eine Fortsetzung der Dresdner Sempergalerie dar, jedoch größer und großartiger. Die

beider Herrscher, und damit auch beider Städte, im Bestreben, die wichtigste Kunstmetropole im deutschsprachigen Raum zu werden.

Hinter den ionischen Säulen der klassizistischen Tempelfront der Glyptothek fanden sich zahlreiche Säle mit farbigen Fresken und prachtvollen Stuckierungen. Klenze entwickelte für die Glyptothek ein didaktisches Konzept, in dem er die Abfolge der Räume als Gang durch die Menschheitsgeschichte anordnete. Die Kunst des alten Ägypten war im Ägyptischen Saal zu finden, der zum Auftakt der Ausstellung gehörte, die griechische und römische Antike folgten in chronologischer Ordnung: Archaische Zeit, Klassische Zeit, Hellenismus, Römische Republik und Kaiserzeit. Kurz nachdem er mit der Erbauung der Glyptothek betraut worden war, entwarf Klenze auch die Alte Pinakothek für die Gemäldesammlungen der Wittelsbacher: eine klassische Galerie auf zwei Etagen. Mit 150 Metern Länge war

zwei Kuppelbauten bilden ein Forum, das entfernt dem Schinkelschen Lustgarten ähnelt, aber räumlich keinen so direkten Bezug zum Schloss, in diesem Fall zur Wiener Hofburg, aufnimmt.

Die reich dekorierten Museumsfassaden verweisen auf Antike, Mittelalter, Renaissance und Barock. In den Museen findet man Exponate, die vom Kunstwerk über die naturgeschichtliche Sammlung bis hin zur Waffensammlung der Habsburger reichen – die bildende Kunst hatte hier also, im Gegensatz zur Berliner Museumsinsel, keine Sonderstellung.

Eine kurze Geschichte der Museumsinsel

Die Bezeichnung »Museumsinsel« ist erst seit Ende des 19. Jahrhunderts gebräuchlich. Das heute so beeindruckende Ensemble brauchte für seine Entstehung genau

einhundert Jahre – von der Eröffnung des heutigen Alten Museums im Jahr 1830 bis zur Eröffnung des Pergamonmuseums im Jahr 1930. In der Zwischenzeit entstanden in mehr oder weniger rascher Folge, entsprechend dem politischen Rahmen und geprägt von den sehr schwierigen Baugrundbedingungen auf der Insel, das Neue Museum, die (Alte) Nationalgalerie und das Kaiser-Friedrich-Museum, das heutige Bodemuseum. Bevor das im Zweiten Weltkrieg schwer beschädigte Neue Museum im Jahre 2009 wieder eröffnet wurde, waren die fünf Museen der Insel nur neun Jahre lang, von 1930 bis 1939, gleichzeitig zugänglich. Diese Tatsache, die den meisten kaum mehr bewusst ist, verdeutlicht die privilegierte Situation der heutigen Museumsbesucher.

Das von 1824 bis 1830 von Schinkel erbaute Alte Museum war das erste Museumsgebäude auf dem *Cöllnischen Werder*. Ursprünglich – und bis zur Eröffnung des

Die Museumsinsel, 1930

späteren Neuen Museums – war dieses »Königliche Museum« das eigentliche »Neue Museum«. Sein Bauherr, König Friedrich Wilhelm III., hat es – so kann man es bis heute auf dem Fries über dem Haupteingang lesen – dem »Studium der verschiedenartigen Altertümer und der freien Künste« gewidmet. Das Museum beherbergte nach seiner Eröffnung eine Sammlung antiker Skulpturen, eine Gemäldegalerie mit 1200 Bildern, eine Sammlung von Kleinplastiken, Münzen und Medaillen, zahllose Gipsabgüsse antiker Skulpturen sowie eine Bibliothek. Bereits am Tag der Eröffnung war es mit Exponaten so gut bestückt, dass man einen weiteren Museumsbau in Erwägung ziehen musste. Friedrich Wilhelm IV., der 1840 den preußischen Thron bestieg, entschied, dass die gesamte Spreeinsel zur »Freistätte für Kunst und Wissenschaft« gestaltet werden sollte, und legte damit den Grundstein für den weiteren Ausbau. Dem Alten Museum folgte das Neue Museum, erbaut

durch Friedrich August Stüler von 1843 bis 1855, eröffnet 1859. Es entstand direkt hinter dem von Schinkel entworfenen Museum und war mit diesem über eine reich dekorierte Brücke verbunden. Im Neuen Museum trafen die schlichten klassizistischen Formen des Außenbaus auf innovative Konstruktionslösungen für das Tragwerk und auf gediegene und aufwendige Wanddekorationen. Ausgestellt wurden hier ursprünglich die Sammlungen ägyptischer Kunst, prähistorische Altertümer, eine über das gesamte Hauptgeschoss reichende Sammlung von Gipsabgüssen nach antiken Vorbildern, eine Modellsammlung mittelalterlicher Bauwerke und eine Sammlung von Miniaturen und Kunstdrucken. Letztere bildeten den Grundstock des späteren Kupferstichkabinetts, das sich heute auf dem Kulturforum am Potsdamer Platz befindet.

Rechts neben dem Neuen Museum ragt unübersehbar die Alte Nationalgalerie mit dem Reiterstandbild

Blick über die Friedrichsbrücke auf das Alte und Neue Museum, beide damals noch durch einen Übergang verbunden, 1860

Das dritte Museum auf der Insel: Die National-galerie mit dem Reiter-standbild Friedrich Wilhelms IV, davor die Friedrichsbrücke, 1905

Friedrich Wilhelms IV. auf dem Podest der Freitreppe empor. Sie wurde von Stüler und seinem Nachfolger Johann Heinrich Strack d. Ä. zwischen 1866 und 1876 als drittes Museum auf der Insel erbaut. Der Zweck dieses Neubaus war zunächst, eine Galerie der deutschen Kunst zu schaffen; die am Außenbau lesbaren vergoldeten Namen bedeutender Künstler illustrieren dieses Vorhaben. An der Wende zum 20. Jahrhundert wurde aus der Nationalgalerie dann eine internationale Galerie, unter anderem mit bedeutenden Werken der französischen Impressionisten.

In der Chronologie der Museumsinsel folgte zunächst kein weiterer Museumsbau, sondern von 1875 bis 1882 die Erbauung der Trasse von Fernbahn und Berliner Stadtbahn, die bis heute die Museumsinsel zerschneidet. Ernst von Ihne, der Architekt des vierten Museums, des damaligen Kaiser-Friedrich- und heutigen Bodemuseums, musste aus diesem Grund bei seinen Entwürfen

bereits mit einem sehr ungewöhnlichen, weil durch die Teilung der Insel dreieckigen Bauplatz an der Inselspitze vorlieb nehmen.

Das Bodemuseum mit der mächtigen neobarocken Fassade und der großen Kuppel über dem Eingang entstand von 1889 bis 1904. Es wurde für die Ausstellung von Malerei und Skulptur der großen europäischen Stilepochen des Mittelalters und der Neuzeit erbaut: Romanik, Gotik, Renaissance, Barock. Das Museumskonzept Wilhelm von Bodes sah dabei so genannte »Stilräume« vor: Nicht allein die Exponate, sondern auch innenarchitektonische Details wie zur Ausstellung passende originale Kassettendecken, Säulen, Portale und Kamine sollten den Besucher auch emotional in vergangene Zeiten entführen.

Dem Pergamonmuseum als letztem Teilstück der Museumsinsel ging ein 1901 eröffneter Interimsbau voraus, der allein zur Präsentation des damals gerade nach

Eine bauliche Herausforderung: Das Bodemuseum auf der Inselspitze mit der Bahntrasse, 1953

Berlin gekommenen Pergamonaltares diente. Das ab 1907 in erster Linie von Alfred Messel und Ludwig Hoffmann geplante, heute noch existierende Pergamonmuseum ist ein Gigant: zwei lang gestreckte Baukörper, zur Spree als Tempelfronten endend, und ein Querbau – in dem sich der Pergamonaltar befindet – rahmen einen steinernen Innenhof. Eröffnet wurde das Museum nach 21-jähriger Bauzeit im Jahre 1930, einige Ausstellungsflügel sogar noch später. Das Pergamonmuseum ist bis heute im Wesentlichen der Präsentation von antiker Architektur und Skulptur gewidmet und vereint unter seinem Namen nicht nur die Antikensammlung, sondern auch das Museum für Islamische Kunst und das Vorderasiatische Museum. Dank seiner spektakulären Exponate wie dem Pergamonaltar, dem Markttor von Milet oder dem Ischtar-Tor am Ende der Prozessionsstraße von Babylon ist es mit über einer Million Besuchern pro Jahr das meistbesuchte der fünf Museen.

Bereits am Ende des 19. Jahrhunderts konnten sich die Museen auf der Museumsinsel zu Recht rühmen, das wohl größte »Universalmuseum« der Welt zu sein. Um die Jahrhundertwende konzentrierten sich die Sammlungen nicht mehr nur auf die so genannte »hohe Kunst«: Sie führten sowohl chronologisch durch die Menschheitsgeschichte, als auch geografisch durch die ganze Welt, von Afrika und Asien bis nach Athen. Aufgrund der Fülle der Sammlungsgebiete ist die Geschichte der Museumsinsel auch durch ständige Pläne zur Vergrößerung einzelner Museen beziehungsweise des gesamten Areals geprägt. Erweiterungsbauten waren und sind aber allein schon wegen der Insellage ein schwieriges und bis heute aktuelles Thema. Im Dritten Reich planten die Architekten Albert Speer und Wilhelm Kreis eine Ausdehnung des Museumsareals über die Inselgrenzen hinaus. Der Krieg verhinderte nicht nur die Umsetzung dieser Pläne, sondern zerstörte im Gegenteil auch 70

Der jüngste Bau im Ensemble: Der Ehrenhof des Pergamonmuseums, 1933

Prozent der bestehenden Bauten auf der Museumsinsel. Das Neue Museum war am schwersten beschädigt und wurde nicht in die Wiederaufbauplanungen der Nachkriegszeit einbezogen. Die DDR-Führung wollte die Ruine zunächst abreißen und durch einen Neubau ersetzen lassen, was aber nicht geschah. 1986 nahm man stattdessen sogar eine Notsicherung vor. Eine Gesamtinstandsetzung aller Museen und ihrer Außenbereiche war lange geplant, die enormen Kosten verhinderten aber immer wieder ihre Ausführung.

Nach heutigen Planungen soll die Berliner Museumsinsel zum weltweit größten Museumsareal für Weltkunst und Weltkulturen werden, in das auch die seit dem Zweiten Weltkrieg und der deutschen Teilung nach Berlin-Dahlem ausgelagerten Sammlungen integriert werden sollen. Das Ethnologische Museum, das Museum für Asiatische Kunst und das Museum Europäischer Kulturen sollen im Humboldt-Forum, im wieder errichteten Stadtschloss, ihren Platz finden. Damit wäre eine folgerichtige Erweiterung des Museumsareals direkt gegenüber von Schinkels Altem Museum, der »Säulenhalle am schönsten Platz der Stadt«, gegeben.

Visionen und Luftschlösser

Dass die Museumsinsel so aussehen würde, wie sie es heute tut, stand nicht von Anfang an fest. Eine erste Idee zur Gestaltung eines öffentlichen Museums in Berlin präsentierte der Architekt Heinrich Gentz im Jahr 1798. Sein Entwurf war die unmittelbare Antwort auf die Forderungen aus Alois Hirts im selben Jahr veröffentlichter Denkschrift und diente einer ersten Diskussion, vermutlich ohne wirkliche Realisierungsabsicht. Für die Ausstellung von Gemälden und Skulpturen sah Gentz ein zweigeschossiges, eher schlichtes Gebäude vor, dessen vier Flügel einen Innenhof umschlossen. Auch der genaue Bauplatz war nicht abschließend geklärt; das Museum sollte wahlweise neben dem Zeughaus, auf dem Opernplatz, auf dem Gendarmenmarkt oder nördlich des Berliner Doms stehen.

Ein museales Luftschloss baute im Jahr 1800 auch der neunzehnjährige Architekturstudent Schinkel, als er einen visionären Entwurf für ein öffentliches Museum zeichnete. Man sieht darauf ein repräsentatives Gebäude vor dem Hintergrund einer mediterranen Landschaft, ein Tempel steht wie zufällig in der Nähe, ein Bergrücken und ein Obelisk rahmen den symmetrischen Bau. Den Eingang markiert ein doppelsäuliger Portikus, zu dem eine Freitreppe empor führt, sonst ist die Front fensterlos und wirkt sehr blockartig. Entwürfe von Friedrich Gilly, einem Lehrer Schinkels an der Bauakademie in Berlin, und auch die Architekturlektionen des Jean-Nicolas-Louis Durand mögen als Inspirationen gedient haben. Nachträglich erscheint der Entwurf ganz deutlich als Vorgänger des Jahrzehnte später erbauten Alten Museums. Auch Ähnlichkeiten zur 1830 eröffneten Glyptothek Leo von Klenzes in München sind nicht zu verleugnen.

Der nächste wichtige Entwurf für die Museumsinsel war eine »königliche Skizze« von Friedrich Wilhelm IV. aus dem Jahre 1841. Sie zeigt eine gewaltige Museumslandschaft, ein »Spree-Athen« mit zentralem Tempel, ähnlich dem Parthenon in Athen. Eine Utopie mit Folgen: Die Skizze diente Friedrich August Stüler zur Inspiration bei seinen Inselplanungen, die er allerdings erst 1862 veröffentlichte. Neben dem Neuen Museum sah Stüler noch ein Hörsaalgebäude vor, das gleichzeitig Festhaus der Universität sein sollte, sowie den Ausbau der Inselspitze mit Kolonnaden und einem Reiterstandbild. Aus dem Hörsaalgebäude entwickelte sich später die Nationalgalerie, die Stüler aufgrund seines Todes im Jahr 1865 allerdings nicht mehr selbst vollenden konnte.

Eine besondere planerische Herausforderung wurde die Museumsinsel, als die Bahntrasse auf dem Weg nach Charlottenburg die Insel in Ost-West-Richtung teilte

und den nördlichen Inselteil abschnitt. Architekt August Orth, verantwortlich für den Bau des Stettiner und des Görlitzer Bahnhofs und auch für den Verlauf der Bahnstrecke, legte ab 1873 Entwürfe für die Bebauung der Inselspitze im Norden vor, um deutlich zu machen, dass die Anforderungen des modernen Verkehrs – Berlin war Mitte des 19. Jahrhunderts zu einem wichtigen Verkehrsknotenpunkt geworden – mit einer der Kunst

Oben:
Der erste Entwurf für ein öffentliches Museum in Berlin von Heinrich Gentz, 1798

Unten:
Museum in einer idealen antiken Landschaft, Entwurf von Karl Friedrich Schinkel, 1800

Ein gewaltiges Bauwerk
als Wettbewerbsbeitrag
von Franz Schmidt und
Skjöld Neckelmann,
1883

geweihten Museumslandschaft durchaus vereinbar waren. Seine Entwürfe wurden zwar nicht verwirklicht, aber er gab den Anstoß dafür, mehrere Architekturwettbewerbe zu diesem Thema auszuloben. 1881 wurden in der Wettbewerbsausschreibung vom Verein Berliner Architekten, der seinen Schinkelpreis der Museumsinsel widmete, sogar zwei neue Bauten gefordert: ein Renaissance-Museum nördlich der Stadtbahn und ein Museum für antike Architektur und Kunst südlich davon. Den Schinkelpreis erhielt der Architekt Bernhard Sehring, heute unter anderem bekannt als Erbauer des Theaters des Westens in Berlin und des Staatstheaters in Cottbus. Der zweite Preis ging an Ludwig Hoffmann, der fünfzehn Jahre später Stadtbaurat von Berlin werden und 1930, in der Nachfolge Alfred Messels, das Pergamonmuseum vollenden sollte. Sowohl in den Ent-

würfen von Orth als auch im Wettbewerbsbeitrag von Hoffmann wird die Vorstellung deutlich, die Nordspitze der Insel mit einem Kuppelbau zu krönen. Doch keine der eingereichten Arbeiten konnte letztlich überzeugen, weder der erst- noch der zweitplatzierte Entwurf wurden gebaut.

Auch ein weiterer Wettbewerb im Jahr 1883 brachte trotz der Fülle von 52 eingereichten Beiträgen nicht die gewünschte architektonische Erfüllung. Immerhin gab er Anlass für Aufsehen erregende Entwürfe wie den der Hamburger Architekten Franz Schmidt und Skjöld Neckelmann. Entfernt erinnern deren Blätter an die in den »Carceri« des venezianischen Künstlers Giovanni Battista Piranesi dargestellten Architekturphantasien: gigantisch, überspannt, ja fast größenwahnsinnig. Schmidt und Neckelmann schlugen vor, den Pergamonaltar mit einem riesigen tonnengewölbten Saal zu überdachen, gewaltige Stufen sollten zu dem antiken Bauwerk empor führen. Preisverdächtig war das nicht, aber beispielhaft für die monumentale Ausrichtung der Architektur gegen Ende des 19. Jahrhunderts. Letztlich wurde die Entscheidung über die Bebauung der Inselspitze 1888 mit dem Amtsantritt Kaiser Wilhelms II. gefällt, der seinen Hofarchitekten Ernst Eberhard von Ihne mit dem Bau eines Kaiser-Friedrich-Museums beauftragte, das 1904 eröffnet wurde. Der im folgenden Jahr berufene neue Generaldirektor der Museen, Wilhelm von Bode, gewann für den nächsten und für lange Zeit auch letzten Bau der Insel, das Pergamonmuseum, den Architekten Alfred Messel.

Doch auch nachdem die Museumsinsel 1930 mit dem Pergamonmuseum vollendet worden war, gehörten viele weitere nicht ausgeführte oder unvollendete Projekte zu ihrer Baugeschichte. Eine rege Entwurfstätigkeit ist in der Zeit des Nationalsozialismus zu konstatieren. Die Museumsinsel wurde in die gigantomanischen Planungen Albert Speers zur »Welthauptstadt Germania« einbezogen. Der Architekt Wilhelm Kreis wollte die Bebauung der Insel durch riesige Museumsbauten auf den gegenüberliegenden Ufern von Spree und Kupfergra-

Museumsbau Berlin

Friedrichsbrücke

Oben:
Bleistiftskizze von König
Friedrich Wilhelm IV.
zur Museumsinsel mit
hohem Tempel,
um 1841

Unten:
Ludwig Hoffmanns
Entwurf von 1881 zeigt
bereits die für das
spätere Bodemuseum
so charakteristische
Kuppel

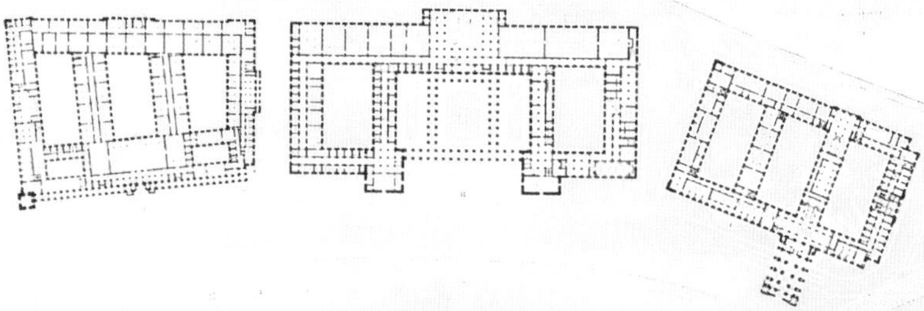

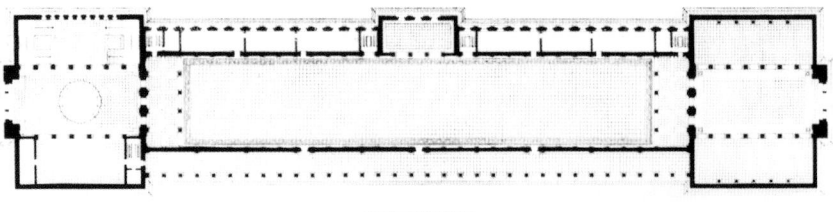

ben erweitern. Gegenüber dem Bodemuseum, dort wo heute der Monbijoupark liegt und sich in den 1930er Jahren noch das Schloss Monbijou befand, sollten ein »Germanisches Museum«, ein »Museum des 19. Jahrhunderts« und ein »Museum der ägyptischen und vorderasiatischen Kunst« entstehen. Jedes der drei Museen hätte für sich die Grundfläche des Berliner Stadtschlosses übertroffen. Größter der drei Bauten mit einer Ausstellungsfläche von 75 000 Quadratmetern wäre das »Ägyptische Museum« geworden. Das Schloss Monbijou sollte zu diesem Zweck abgetragen und im Park von Schloss Charlottenburg neu aufgebaut werden. Am südlich der Stadtbahn gelegenen Spreeufer plante der Architekt Hans Dustmann ein »Völkerkundemuseum«, ein Bauwerk von 270 Metern Länge und 120 Metern Breite. Direkt am Kupfergraben sollte nach Kreis' Entwürfen zudem ein »Weltkriegsmuseum« entstehen, nördlich des Zeughauses ein »Preußenmuseum«, entworfen von Konrad Dammeier. Keines dieser riesigen Museen wurde je gebaut, keiner der Pläne nach dem Krieg weiter verfolgt.

Nach dem Zweiten Weltkrieg ging es vor allem darum, die Museen und ihre Sammlungen möglichst schnell wieder der Öffentlichkeit präsentieren zu können. Das Neue Museum bezog man aufgrund der sehr starken Zerstörungen zunächst nicht in die Wiederaufbauplanungen ein. Zu den Kriegsschäden kamen die Probleme mit dem Baugrund – der Gründung, wie der Fachmann sagt –, die das Gebäude von Anfang an begleitet hatten. Ein Abriss stand zur Debatte und Mitte der 1960er Jahre stellte Rolf Göpfert von der Technischen Universität Dresden Entwürfe für einen Neubau dieses Museums vor. Viele der Zeichnungen existieren noch und zeigen einen blockartigen Baukörper, der nicht nur den Grundriss des Neuen Museums einnehmen, sondern bis direkt an den Kupfergraben heranreichen sollte. Auf einem Schaubild aus der Vogelperspektive ähnelt er dem Alten Museum weitaus mehr als dem Museum, das zu ersetzten war. Die Fassade war von neoklassizistischen Elementen geprägt, Stülersche Kolonnaden sollten sich

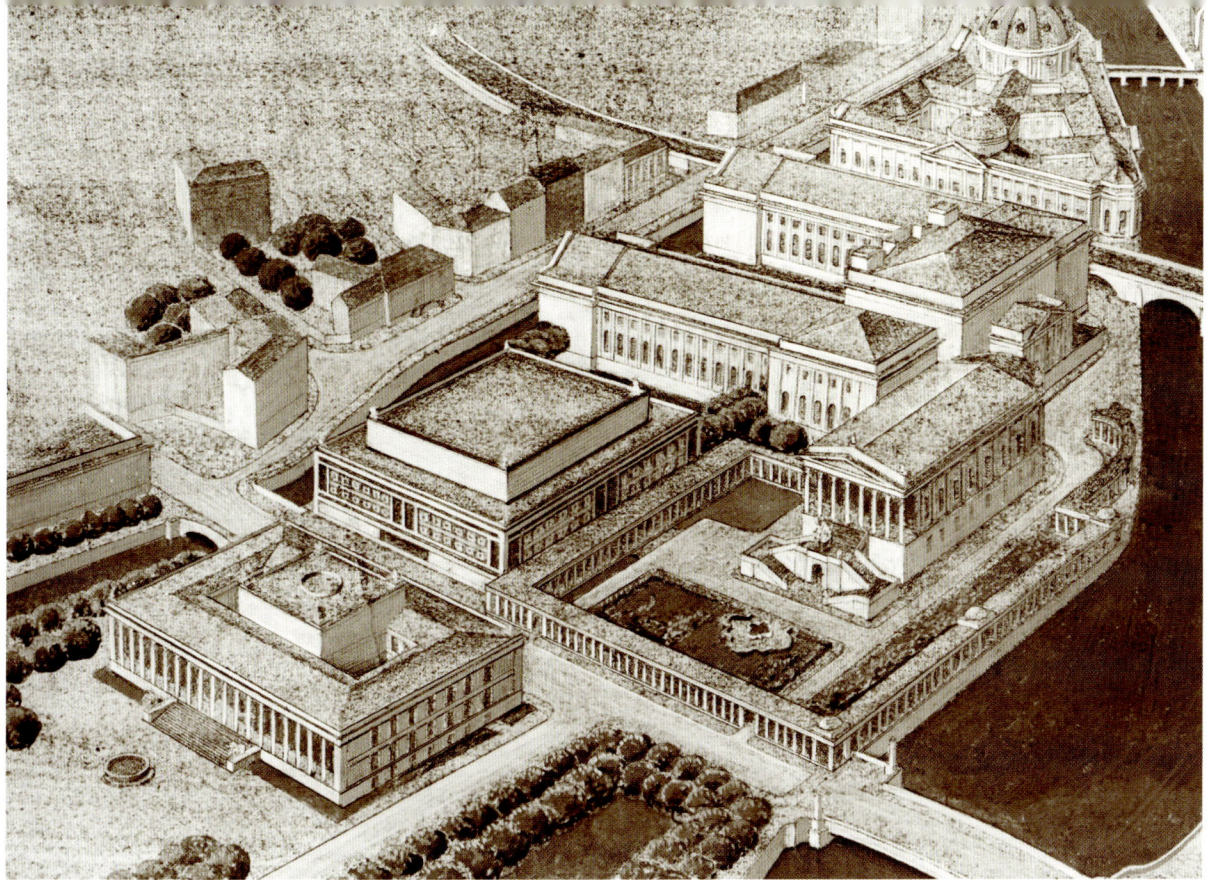

Generalplan Museums-insel mit Neubau für das Neue Museum, Entwurf TU Dresden, 1965

wieder um das Museum herum ziehen. Die Vorschläge Göpferts blieben allerdings in der Schublade – im Hinblick auf das heute wieder erstandene Neue Museum ein Glücksfall.

Eine immer wiederkehrende Idee bezüglich der Inselgestaltung wurde in den 1960er Jahren ebenfalls durchdacht: der Bau eines zentralen Eingangsgebäudes und die Verbindung aller Museen untereinander durch Brücken und Übergänge. Zu einer Realisierung kam es nicht. Mitte der 1980er Jahre entstanden unter Friedrich Kalusche, dem »Chefarchitekten der Aufbauleitung der Staatlichen Museen zu Berlin«, erneut denkmalpflegerische Konzepte und Planungen für Erweiterungsbauten. Auf dem Grundstück zwischen Neuem Museum und Kupfergraben sollte ein eingeschossiges Gebäude für die Ägyptische Sammlung entstehen, das Pergamonmuseum ein Eingangsgebäude erhalten. Weiterhin war ein fünfgeschossiges Gebäude an der Ecke Kupfergra-

ben/Georgenstraße vorgesehen. Hier sollten die Bauleitung für das wiederaufzubauende Neue Museum sowie Archive und Lagerräume untergebracht werden. Der Grundstein für den Wiederaufbau des Neuen Museums wurde am 2. September 1989 gelegt, kurz bevor die friedliche Revolution in der DDR und die Wiedervereinigung Deutschlands die Koordinaten für eine Neuordnung der Museumslandschaft vollkommen verschoben. In den 1990er Jahren – Berlin war nun keine geteilte Stadt mehr – wurden erneut Architekturwettbewerbe für die Museumsinsel ausgeschrieben. International tätige Architekten wie David Chipperfield, Oswald Mathias Ungers, Heinz Tesar, Frank O. Gehry, HG Merz, Hilmer+Sattler+Albrecht und andere machten Vorschläge zur erneuten »Vollendung« des Ensembles.

Der sogenannte Masterplan Museumsinsel – der aus drei inhaltlich aufeinander folgenden Masterplänen besteht – umfasst die Renovierung und Restaurierung der

Linke Seite: Entwürfe für ein »Germanisches«, »Ägyptisches« und ein »Museum des 19. Jahrhunderts« auf dem heutigen Gelände des Monbijouparks (oben) und ein »Weltkriegsmuseum« am anderen Ufer des Kupfergrabens (unten), 1934

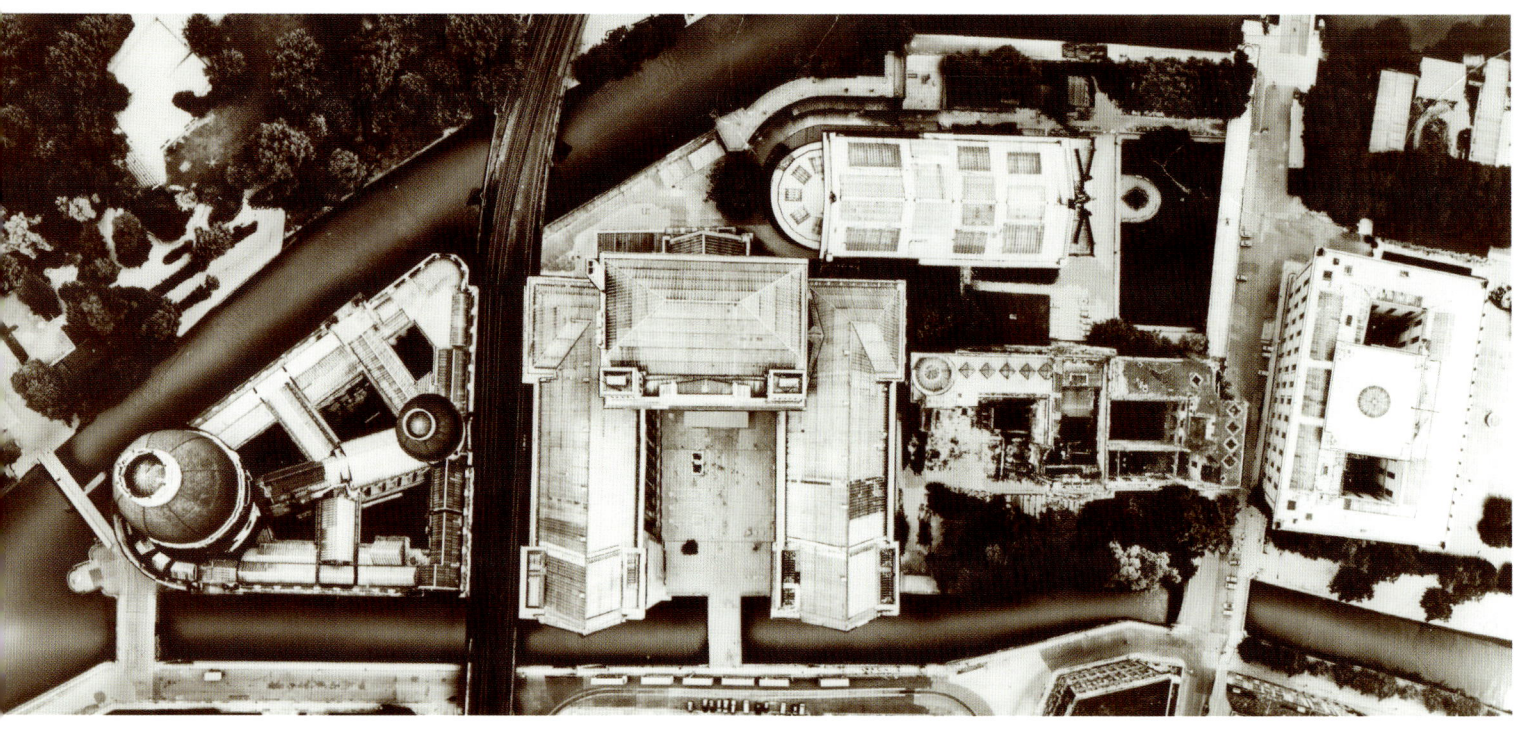

Die Museumsinsel,
1978

Die Generaldirektoren der Königlichen/Staatlichen Museen in Berlin

1829–1837 Carl Friedrich Moritz Graf von Brühl

1839–1869 Ignaz Maria von Olfers

1869–1872 Interimistische Leitung durch Kommission

ab 1871 Kronprinz Friedrich wird Protektor der Museen

1872–1879 Guido Graf von Usedom

1879–1905 Richard Schöne

1905–1920 Wilhelm von Bode

1920–1927 Otto von Falke

1928–1934 Wilhelm Waetzoldt

1934–1945 Otto Kümmel

1945–1946 Carl Weickert

1946–1948 Ludwig Justi

Staatliche Museen zu Berlin (Ost-Berlin)

1949–1957 Ludwig Justi

1958–1976 Gerhard Rudolf Meyer

1976–1983 Eberhard Gerhard Bartke

1983–1991 Günter Schade

**Staatliche Museen Preußischer Kulturbesitz
(West-Berlin)**

1948–1957 Ernst Heinrich Zimmermann

1957–1964 Leopold Reidemeister

1965–1983 Stephan Waetzoldt

1983–1999 Wolf-Dieter Dube

1999–2008 Peter-Klaus Schuster

seit 2008 Michael Eissenhauer

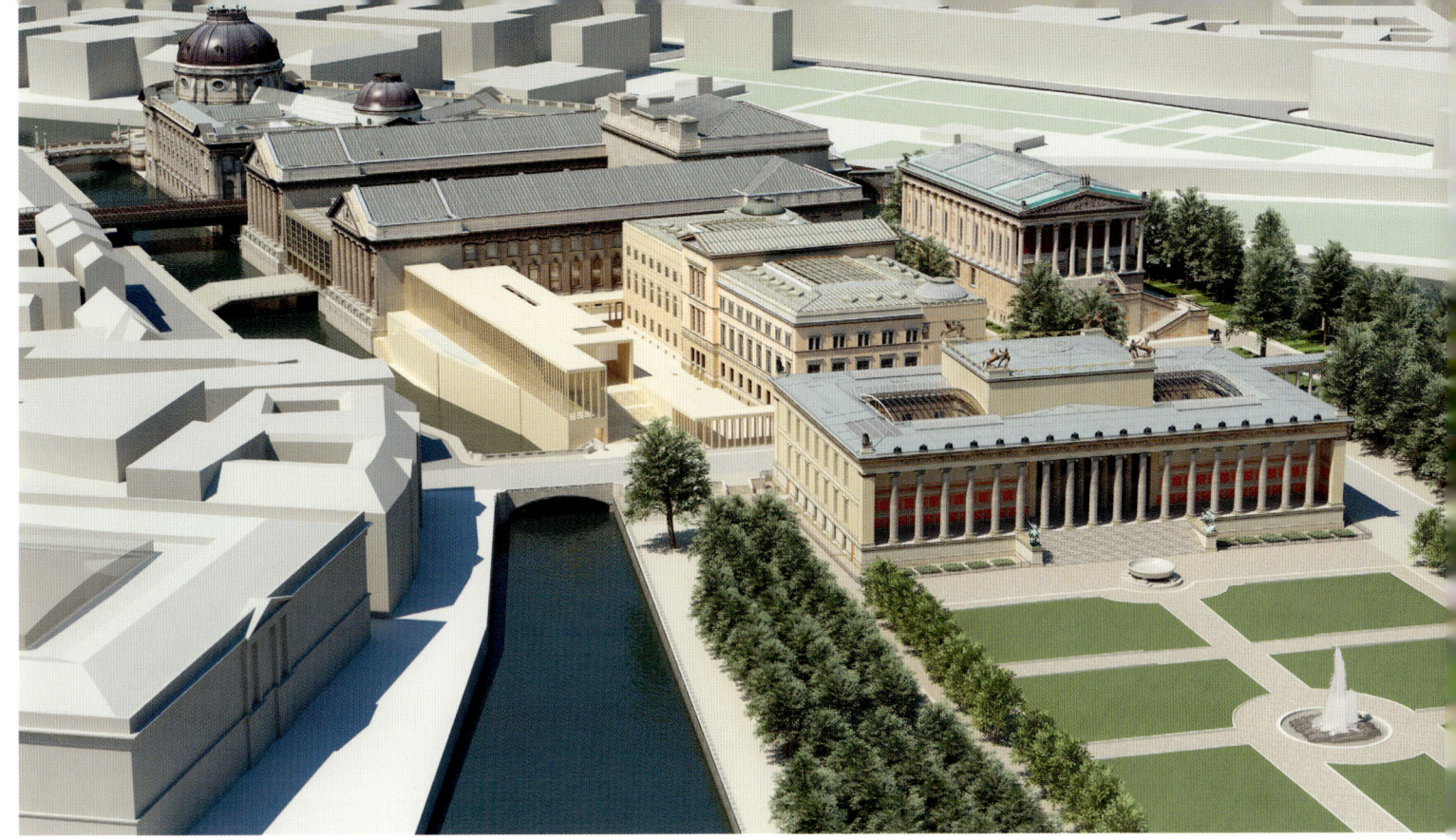

Museumsgebäude sowie die Neuordnung der Sammlungen unter Berücksichtigung neuester wissenschaftlicher und ausstellungstechnischer Gesichtspunkte. Die Masterpläne beinhalten außerdem die Einbeziehung bisher in Depots verbliebener Exponate und das Ziel, engere Verbindungen zu dezentral gelegenen Einrichtungen zu schaffen. Damit soll die Museumslandschaft Berlins enger miteinander verknüpft und noch attraktiver werden. Die Alte Nationalgalerie ist nach Sanierungsmaßnahmen bereits im Dezember 2001 wieder eröffnet worden, das Bodemuseum, mit neu gedeckter Kuppel, im Jahre 2006. Auch die Wiederherstellung des Neuen Museums ist beendet, seit 2009 präsentiert sich das seit 1939 geschlossene Haus wieder den Besuchern. Erneuerungsmaßnahmen beim Alten Museum und die Vollendung des Pergamonmuseums stehen noch an. Geplant ist weiterhin der Bau einer Archäologischen Promenade, eines repräsentativen Verbindungstunnels, der über ein gemeinsames Eingangsbauwerk zu allen Museen führen wird. Mit der Umsetzung der Masterpläne wird sich die Museumsinsel aus den Visionen, Utopien und Luftschlössern der Vergangenheit heraus zur zentralen und internationalen Berliner Museumslandschaft entwickeln.

Die Museumsinsel mit dem geplanten Eingangsgebäude von David Chipperfield, Computer-Visualisierung

DAS ALTE MUSEUM

Die Preußenkönige und ihr Lustgarten

Das Gebiet der heutigen Museumsinsel diente den brandenburg-preußischen Herrschern ursprünglich als Gartenanlage. Bis heute sichtbar ist das am Lustgarten vor dem Alten Museum, der sich vom Küchengarten zum Ziergarten, zum Parade- und Exerzierplatz, zum Ort für Massenveranstaltungen und schließlich zum von Lindenreihen gefassten Stadtgarten entwickelt hat.

Der Beginn dieser Verwandlung liegt im 17. Jahrhundert. Friedrich Wilhelm, der Große Kurfürst, hatte in seiner Residenz im Herzogtum Kleve am Niederrhein die holländische Gartenkunst studiert. Beeindruckt davon ließ er bereits 1645 den Schlossgarten in Berlin, der bis dahin ein reiner Nutzgarten gewesen war, durch den Militäringenieur Johann Mauritz und seinen Gärtner Michael Hanff künstlerisch anlegen und auf die Mitte des Schlosshofes beziehen.

Seit 1646 trägt die Anlage den Namen »Lustgarten«. Die Gestaltung orientierte sich zunächst an holländischen, später an französischen Vorbildern. Auf dem weiter oben abgebildeten Memhardtschen Stadtplan aus dem Jahr 1652 kann man die symmetrische Gartenplanung des Frühbarock, bestehend aus einzelnen geometrisch gestalteten Kompartimenten, deutlich erkennen. Auch wenn nicht alle Gartenbereiche genau in der im Plan gezeigten Art und Weise verwirklicht worden sind, gibt er dennoch einen wichtigen Anhaltspunkt: Direkt vor dem Schloss breitete sich das Blumen- und Rasenparterre aus, es folgte der auf dem Plan als Lustgarten bezeichnete Teil mit regelmäßig angelegten, quadratischen Beeten und einem Lustschlösschen an der Spree.

An die Westseite des Lustgartens grenzte ein Wassergarten, ausgestattet mit einer Grotte, kleinen Kanälen und Wasserspielen. Zur Inselspitze des *Cöllnischen Werders* hin, also Richtung Nordwesten, schloss sich der Küchengarten an – von hier kamen frisches Gemüse und Kräuter für die königliche Tafel. Zum Küchengarten gehörte auch ein Botanischer Garten. Für die Überwinterung exotischer Gewächse gab es den »Pomeranzenhof«, eine Orangerie.

Der Große Kurfürst hatte sich im Jahre 1658 auch entschlossen, die Doppelstadt Berlin-Cölln durch Johann Gregor Memhardt zur modernen Festung ausbauen zu lassen. Ergebnis dessen war, dass nun ein Festungs-

Der Lustgarten wird
Exerzierplatz, im Hin-
tergrund der alte Dom,
Kupferstich von 1750

graben genau hinter dem (damals noch nicht vorhandenen) Alten Museum die Insel durchschnitt und der
gesamte hintere Teil des Gartens dem Festungsbau zum
Opfer fiel.

Ebenso zerstört wurde ein Teil der gerade erst ge-
pflanzten Bäume am östlichen Ende der »Ersten Straße«, der späteren Straße Unter den Linden. Ab 1647
hatte Friedrich Wilhelm nämlich (nach holländischem
Vorbild) eine Galerie von Linden und Walnussbäumen
pflanzen lassen, die auf knapp einem Kilometer Länge
die Achse vom Lustgarten zum Tiergarten markierte
und später in Richtung Schloss Charlottenburg verlän-
gert wurde. Eine zweite städtebauliche Achse zielte vom
Schloss zur Zitadelle Spandau, eine dritte wurde um
1650 begradigt: die Verbindung zum Jagdschloss Grune-
wald über den Kurfürstendamm.

Vom Sohn des Großen Kurfürsten, Kurfürst Friedrich III. (der ab 1701 als König Friedrich I. regierte), gingen wichtige städtebauliche Veränderungen aus. Er grün-
dete die Friedrichstadt und ließ von 1698 bis 1703 das
Stadtschloss erweitern. Auch der Lustgarten wurde
prächtiger und als barocke Anlage noch stärker dem
Schloss zugeordnet. In diesen Jahren erlebte der Lustgarten wohl seine glanzvollste Zeit, denn mit dem Regierungsantritt von Friedrichs Nachfolger, dem Solda-
tenkönig Friedrich Wilhelm I., hatte er als Gartenkunst-
werk erst einmal ausgedient – er wurde, nicht zuletzt
aus Kostengründen, im Jahre 1713 zum sandgedeckten
Exerzierplatz. Wo der Große Kurfürst noch gelustwan-
delt war, marschierten nun die Soldaten.

Auch unter dem kunstsinnigen Nachfolger, Friedrich
dem Großen, änderte sich daran nicht viel. Immerhin
wurde der Lustgarten 1789 durch den Architekten David Gilly als einfache, von Pappeln gerahmte Rasenfläche gestaltet. Damit bildete er erstmals auch den ge-
stalterischen Auftakt der Straße Unter den Linden, an

Blick über den Kupfer-
graben auf das Alte
Museum, damals
Königliches Museum,
kurz vor der Eröffnung,
um 1825

deren anderem Ende der Tiergarten lag. Am östlichen Rand des Lustgartens war zwischen 1747 und 1750 eine barocke Domkirche – der Vorgänger des heute noch dort stehenden Berliner Doms – entstanden. Friedrich der Große ließ auch das Forum Fridericianum an der Straße Unter den Linden gestalten, bestehend aus der Oper, der St. Hedwigskirche, der Alten Bibliothek sowie dem Palais des Prinzen Heinrich, in dem sich heute die Humboldt-Universität befindet. Der Tiergarten wurde in dieser Zeit zum weitläufigen Areal für Spaziergänge, gestaltet durch kleine Plätze, Teiche und Labyrinthe.

Der Lustgarten dagegen blieb ein Paradeplatz – den Berliner Bürgern war das Lustwandeln dort weiterhin verwehrt. Wer dennoch hinein gelangte, um zum Beispiel einer Wachparade der preußischen Offiziere zuzusehen, wurde eher enttäuscht. So schrieb Heinrich Heine 1822 in einem Brief aus Berlin: »Wir können durch das Schloss gehen und sind augenblicklich im Lustgar-

ten. ›Wo aber ist der Garten?‹, fragen Sie. Ach Gott! merken sie denn nicht, das ist wieder die Ironie. Es ist ein viereckiger Platz, der von einer Doppelreihe Pappeln eingeschlossen ist.«

Erst mit der Eröffnung des Alten Museums 1830 durften auch die Berliner Bürger den Lustgarten genießen. Durch Karl Friedrich Schinkel wurde der gut 30 Jahre nach Gillys Umgestaltung schon fast wieder verwilderte Exerzier- und Paradeplatz zum repräsentativen Stadtgarten. Friedrich Wilhelm III. und Königin Luise gaben auch die Straße Unter den Linden für die Berliner frei und spazierten selbst inmitten ihrer Untertanen. In der Mitte der Linden ließen sie statt des Rasens Kies aufschütten, welcher den Tritten der Besucher besser widerstand.

König Friedrich Wilhelm IV., der schon als Kronprinz Schinkels Planungen unterstützt hatte, feierte 1840 im Lustgarten seinen Regierungsantritt. Die Stra-

ße Unter den Linden entwickelte sich nun immer mehr zum Herzstück Berlins. Nach und nach bot sich der Lustgarten als Raum für die unterschiedlichsten öffentlichen Ereignisse an: Ab 1850 konnte man hier im Winter Weihnachtsbäume kaufen, zur Jahreswende 1899/1900 wurde von hier das neue Jahrhundert mit Salutschüssen begrüßt und ab 1934 nahm der wohl größte und schönste Weihnachtsmarkt ganz Deutschlands den Platz in Besitz. Die Besucherzahlen erreichten Rekordhöhen: 1935 sollen zwei Millionen Menschen den Weihnachtsmarkt besucht haben.

In den 1930er Jahren knüpfte man aber auch an die Tradition des Lustgartens als Aufmarschplatz an – diesmal für nationalsozialistische Kundgebungen. Der Platz wurde im »Dritten Reich« gepflastert und bis auf wenige Baumreihen abgeholzt. Nach dem Zweiten Weltkrieg gab es dann hier auch wieder einen Weihnachtsmarkt. Bäume fanden ihren festen Platz dort aber erst

wieder in den 1950er Jahren, zur gleichen Zeit wurde auch die Straße Unter den Linden wieder neu bepflanzt. Im Oktober 1966 eröffnete das Alte Museum neu – doch erst ab 1993 begann der Lustgarten wieder zum grünen Forum Berlins zu werden.

Die historischen Entwürfe von Karl Friedrich Schinkel aus dem Jahr 1828 wurden zeitgemäß interpretiert, die Pflasterung des Platzes entfernt und eine von Linden und Kübelpflanzen gerahmte Rasenfläche angelegt. Begehbar über helle Kieswege, in deren Mitte eine Fontäne sprudelt, wurde der Lustgarten wieder zu dem Garten, den Heinrich Heine noch vermisst hatte, dessen Schatten spendende Linden aber heute viele Besucher zu schätzen wissen.

Ein Geburtstagsgeschenk für Friedrich Wilhelm III.

König Friedrich Wilhelm III. beauftragte im Jahr 1809 den damals in preußischen Diensten stehenden Gelehrten Wilhelm von Humboldt, Vorschläge zum Aufbau einer öffentlichen Kunstsammlung zu machen. Anders als im Pariser Louvre oder im British Museum in London, ja auch im Unterschied zu den Sammlungen der Wittelsbacher in München, wurden die Berliner Sammlungen in der Folge von Kunsthistorikern, Archäologen und anderen Wissenschaftlern zusammengetragen, die sich als Vermittler von Bildung und Kultur sahen.

1820 wurde unter dem Staatskanzler Karl August von Hardenberg eine Museumskommission gebildet, in der Karl Friedrich Schinkel als Bauexperte mitwirkte. Peter-Klaus Schuster, bis 2008 Generaldirektor der Staatlichen Museen zu Berlin, formulierte es so: »Nach den erfolgreichen Freiheitskriegen gegen Napoleon soll sich Preußen-Sparta zu Spree-Athen verwandeln, zu einem Ort, wo die schönen, die gelehrten und die nützlichen Künste regieren.« Zunächst war geplant, das »Königliche Museum« in bereits bestehenden Bauten, wie zum Beispiel dem Marstall, unterzubringen. Diese Idee kam jedoch nicht zum Tragen, denn Schinkel machte Anfang 1823 den Vorschlag, an der Nordseite des Lustgartens, »am schönsten Platz in Berlin eine einfache Säulenhalle in einem großartigen Stil« zu erbauen. Schinkels Planungen lehnten sich teilweise an seinen studentischen Entwurf aus dem Jahr 1800 an, griffen aber auch Vorschläge des damaligen Kronprinzen und späteren Königs Friedrich Wilhelm IV. auf, der ihm eine Bleistiftskizze zukommen ließ, die ein Gebäude, dekoriert mit einer Säulenreihe zeigte.

Der Bauplatz an der Spree war exklusiv und keineswegs zufällig gewählt: gegenüber dem Berliner Schloss und eingerahmt von Dom und Zeughaus. So standen sie sich einst gegenüber, das Schloss als Symbol königlicher

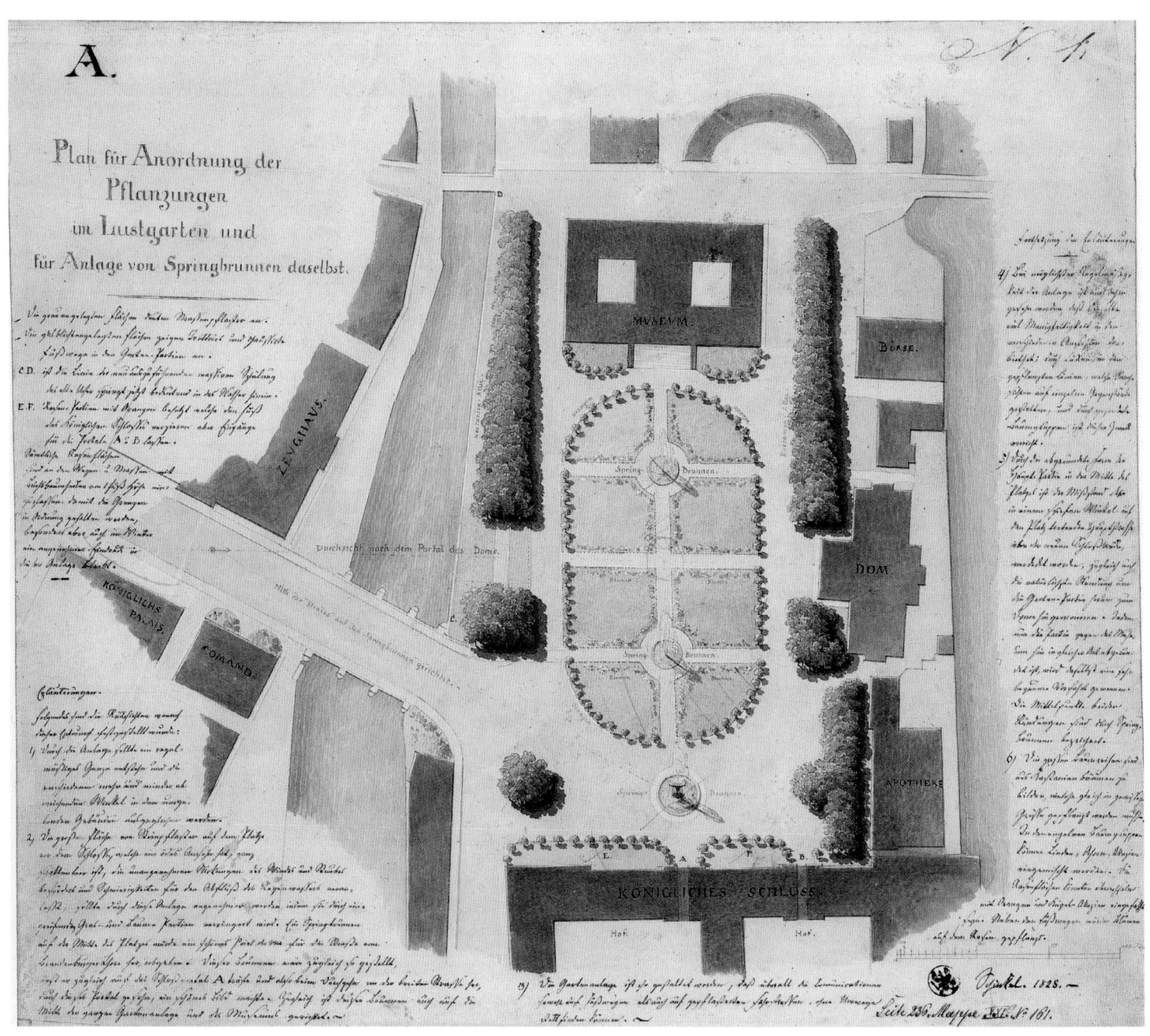

Entwurf Schinkels für den Lustgarten, »Plan A«, o. J.

Macht, der Dom als Symbol der Religion, das Zeughaus als Ort des Militärs und schließlich das Museum als Verkörperung von Kultur und Bildung – und nicht zuletzt als Zeichen für die wachsenden Ansprüche des Bürgertums. Der Lustgarten wurde zum zentralen Forum der Stadt. Hierher gehörten nach den Vorstellungen Schinkels Kunst und Kultur in Form von Antikensammlung und Gemäldegalerie. Er beschrieb sein Museumsprojekt so: »Die Schönheit der Gegend gewinnt durch diesen Bau ihre Vollendung, indem der schöne alte Platz (…) dadurch erst an seiner vierten Seite würdig geschlossen wird.«

Schinkel war zu jener Zeit Anfang vierzig, seit mehr als zehn Jahren preußischer Beamter, außerdem ein gestandener Architekt, ja sogar der führende Architekt Preußens. So störte es ihn wenig, dass Alois Hirt seine Pläne, vor allem die geplante städtebauliche Situation, kritisierte. Entscheidend war allein die Zustimmung des Königs, und der gab tatsächlich den Bauplatz frei und beauftragte Schinkel mit dem Bau des Museums. Die Lage war zwar sehr schön, der Untergrund aber aufgrund seiner weichen Konsistenz ungeeignet für einen riesigen, 78 Meter langen Bau wie das Alte Museum.

Zu seiner Gründung mussten, wie auch später bei den meisten Gebäuden der Insel, Baumstämme in den sumpfigen Boden gerammt werden. Beim Alten Museum waren es mehr als 3 000 etwa 15 Meter lange Pfähle. Die Fundamentierung zog sich über zwei Jahre hin. Aufgrund der damals verwendeten rein mechanischen Hilfsmittel benötigte eine Gruppe von rund 15 Arbeitern im Schnitt einen Tag, um einen Pfahl einzurammen. Der Grundstein für das »Königliche Museum« konnte trotzdem am 9. Juli 1825 gelegt werden.

Nach zahlreichen Veränderungen der Innenarchitektur, die Schinkel den neuesten, heute würde man sagen, Trends aus England und Frankreich anpasste, wurde das Museum am 3. August 1830 feierlich eröffnet. Es war der 60. Geburtstag Friedrich Wilhelms III., das Museum sein Geburtstagsgeschenk. Die auf der Lustgartenseite in bronzenen Lettern gesetzte Inschrift (FRIDERICUS

GUILELMUS III STUDIO ANTIQUITATIS OMNIGENIAE ET ARTIUM LIBERALIUM MUSEUM CONSTITUIT MDCCCXXVIII) bedeutet in der Übersetzung von Schinkel: »Friedrich Wilhelm III. hat dem Studium jeder Art Altertümer und der freien Künste diesen Ruheort gestiftet 1828«.

»Eine einfache Säulenhalle in einem großartigen Stil«

Das Alte Museum ist Schinkels wohl populärstes Werk, oft wird es sogar als schönstes Bauwerk Berlins bezeichnet. Es gibt kaum einen Band über Weltarchitektur, in dem es nicht als *das* Beispiel des Klassizismus in Deutschland genannt wird. Schinkel schrieb darüber schlicht: »Was den Stil der Architektur betrifft, der sowohl im Äußeren als durch das ganze Innere herrscht, so war die

Einfachheit der Hauptformen dabei der vorzüglichste Gesichtspunkt.«

Zum Lustgarten öffnet sich die Schauseite, eine Säulenhalle mit 18 kannelierten ionischen Säulen. Schinkels Vorbild war eine Stoa auf der Nordseite der Athener Agora, die so genannte »Stoa Poikile«. Eine Stoa war ursprünglich eine dem Philosophieren während des Gehens, dem Disput unter Gelehrten gewidmete Wandelhalle. Schinkel dachte jedoch seiner gegenüber dem griechischen Vorbild verkürzten Variante eine andere Funktion zu: Nicht dem Schutz wandelnder Denker gegen die heiße Sonne sollte sie dienen, sondern dem Schutz von Kunstwerken vor Regen. Schinkel umschrieb in seiner »Sammlung Architektonischer Entwürfe« diese märkische Funktionsvariante eines antiken Bautyps so: »Um dem Bau des Museums auf dem schönsten Platze der Hauptstadt ein würdiges Äußeres zu geben, ist die Anlage einer öffentlichen Halle gedacht worden, in der Denkmäler, die man verdienstvollen Männern neuerer Zeit errichtet, im Schutz vor der Witterung aufgestellt werden können.«

Hinter der Säulenhalle, die über eine breite Freitreppe – wie sie sonst allein herrschaftlichen Bauten vorbehalten war – erreicht wird, beginnt das großartige offene Treppenhaus. Heute ist es durch eine provisorische Glasfront abgetrennt und dem Inneren des Baus zugeschlagen. Die erneute Öffnung des Treppenhauses, von dem aus man einen wunderbaren Blick durch den Portikus in den Lustgarten hat, ist für die Zukunft vorgesehen. Gustav Friedrich Waagen, Direktor der Gemäldegalerie und Mitglied der Kommission zum Aufbau des Museums, schrieb über das Treppenhaus: »Von sehr malerischem Eindruck ist die im Inneren liegende freie Treppe, welche man schon in der Entfernung zwischen den Säulen sieht, und von der aus man wieder sehr schöne Ansichten zwischen den Säulen durch genießt.« Auch das gusseiserne Treppengeländer mit seinen stilisierten antiken Formen und anderen zierlichen Ornamenten gehört mit zum Gesamtkunstwerk. Im oberen Foyer des Treppenhauses lohnt ein bedeutender Aus-

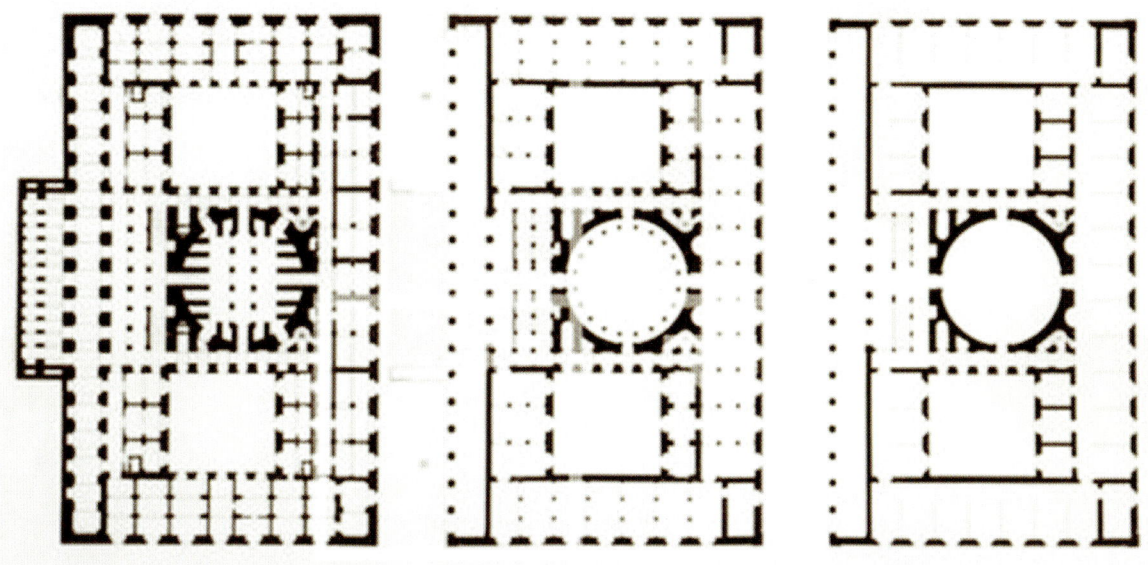

Grundrisse des Alten Museums: Das hohe Sockelgeschoss und die zwei Obergeschosse (v. l.), o. J.

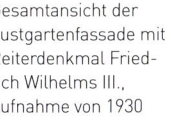

Gesamtansicht der Lustgartenfassade mit Reiterdenkmal Friedrich Wilhelms III., Aufnahme von 1930

Linke Seite:
Das Treppenhaus, aufgenommen 1830 (oben), und eine Innenansicht mit Blick in den Lustgarten, Zeichnung von Schinkel, 1829 (unten)

Die Rossebändiger von Christian Friedrich Tieck, Aufnahme bei Bauarbeiten 1979, (links) und Besucher vor der Amazonengruppe von August Kiss, Aufnahme von 1860 (rechts)

stattungsgegenstand einen Besuch: Die so genannte »Warwick-Vase« ist die gusseiserne Kopie einer reich verzierten römischen Marmorvase, die im späten 18. Jahrhundert ausgegraben worden war. Waagen hatte das Original einst auf Warwick-Castle in England besichtigt. Die Berliner Kopie gelangte als Geschenk des russischen Zaren Nikolaus I. nach Berlin.

Der Grundriss des Alten Museums ist einfach und klar gegliedert: ein Vierflügelbau auf einem hohen Sockelgeschoss mit zwei Obergeschossen. Das Zentrum des Gebäudes bildet eine Rotunde, links und rechts davon befinden sich zwei quadratische Innenhöfe. Die Säulenreihe der Schaufassade reicht über die beiden Hauptgeschosse. Das Traufgesims schmücken preußische Adler, jeweils einer auf jeder der achtzehn Säulen: neun Adler blicken nach links, neun Adler nach rechts. Sie sind nach Entwürfen des klassizistischen Bildhauers Christian Friedrich Tieck gefertigt. Die anderen drei Fronten des Museums sind vertikal durch Fensteröffnungen und horizontal durch Gesimse gegliedert. Als Material diente Backstein, der Putz war von heller Farbe und imitierte Sandstein – eine kostengünstige Konstruktion.

Die Rotunde ist von außen nicht erkennbar, nur die sie umgebenden Wände, die den Museumsbau etwa in der Höhe eines weiteren Geschosses überragen. Schinkel schrieb: »Der viereckige Schutzbau für das Kuppelgewölbe, der sich über die Hauptmasse des Gebäudes erhebt, giebt demselben eine ausgezeichnete Mitte und mußte deshalb auch einen bedeutenden Schmuck haben; Dioscuren mit ihren Pferden, goldne Sterne über den Häuptern, schienen, an der Vorderseite aufgestellt, als Schutz und Heil bringende Wesen uns aus der Mythe bekannt und in Übereinstimmung mit dem Styl des Ganzen.« Auf den Eckpostamenten des Mittelbaus, der die Rotunde umgibt, sieht man dementsprechend vier Rossebändiger: Castor und Pollux auf der Lustgartenseite, geschaffen von Christian Friedrich Tieck nach Entwürfen von Schinkel. Gegenüber zwei Figurengruppen, eine Grazie und eine Muse mit Pegasus, entworfen von den Künstlern Hermann Schievelbein und Hugo Hagen.

Geht man die Freitreppe hinauf und durchquert die Wandelhalle und den Windfang, gelangt man in die Rotunde. Ihr Vorbild war das Pantheon in Rom, der »Tempel aller Götter«, der jene klare Form aufweist, welche

Die Rotunde, Aquarell von Schinkel, 1835

die klassizistischen Baumeister so liebten: eine Kugel, die in einem Zylinder steckt. Schinkel übernahm nicht nur diese Form, sondern auch die Größenverhältnisse des Pantheons. Die Rotunde im Alten Museum hat die halbe Höhe und die halbe Breite ihres Vorbilds, das Licht fällt durch eine runde Öffnung im Scheitel der Kuppel ein. Beim römischen Original ist diese tatsächlich offen, im Alten Museum verglast. Mit der Idee, einen Kuppelraum für sein Museums zu schaffen, befand sich Schinkel auf der Höhe seiner Zeit. Auch die Planungen Leo von Klenzes für die Glyptothek in München sahen einen gekuppelten zentralen Bereich vor. Hier in der Rotunde, dem verbindenden Element zwischen den beiden großen Sammlungen des Alten Museums aus Antike und Renaissance, sollte der Besucher innehalten und sich auf den Museumsbesuch einstimmen.

Die Rotunde ist geschmückt mit einer rot-goldenen Kassettendecke, auch sie beeinflusst vom Pantheon. Der

von vierundzwanzig korinthischen Sandsteinsäulen, die allerdings wie aus Marmor wirken sollten, getragene Umgang ist allerdings eine Idee Schinkels. Der Besucher kann aus den oberen Museumsräumen in den Umgang hinaustreten und von einer zweiten Ebene aus in die Rotunde blicken. Das Geländer wurde, wie auch die Treppengeländer im Eingangsbereich und die zwischen den Rossebändigergruppen auf dem Dach befindlichen Ziergeländer, in der königlichen Eisengießerei in der Invalidenstraße gegossen.

Der Kuppelraum selbst ist weitaus mehr als eine Verkehrsfläche, »der Anblick eines schönen und erhabenen Raumes« sollte, so Schinkel, »empfänglich machen und eine Stimmung geben für den Genuss und die Erkenntnis dessen, was das Gebäude überhaupt bewahrt.« Sowohl im Erdgeschoss als auch im Obergeschoss finden sich antike Skulpturen. Ursprünglich hatte Schinkel vor, in der Rotunde eine riesige Granitschale zu platzieren.

Sie wurde entworfen von Christian Gottlieb Cantian und in einem Stück aus einem riesigen Findling gefertigt. Mit einem Durchmesser von 6,90 Metern war sie aber schließlich zu groß für den Innenraum und wurde daher bereits 1831 im Lustgarten vor dem Museum aufgestellt, wo sie auch heute steht.

Es heißt, dass die Schale, bei einem »aus Anlass ihrer Aufstellung in ihr abgehaltenen Frühstück 42 Personen, die auf ihrem Rand sitzen konnten«, fasste. Der Maler Johann Erdmann Hummel hat die Granitschale und sich darin spiegelnde Lustgartenbesucher auf zwei Gemälden festgehalten, die heute ihn der Alten Nationalgalerie hängen.

Gesamtkunstwerk mit Antikensammlung

Schinkel verstand das Alte Museum als Kunstwerk, bei dem es auf jedes Detail ankam. So fertigte er Zeichnungen für Säulen und Kapitelle, Friese und Treppengeländer, für den plastischen Schmuck am Außenbau und die Innenausstattung einschließlich der Wandfresken. Bei der Umsetzung seiner Entwürfe konnte er auf namhafte Künstler vertrauen, mit denen er schon bei anderen Bauten wie dem Schauspielhaus am Gendarmenmarkt, der Schlossbrücke oder der Neuen Wache zusammengearbeitet hatte, darunter Christian Friedrich Tieck, Christian Daniel Rauch, Hermann Schievelbein, Albert Wolff und August Kiss.

Die mit marmorierten Flächen und Schmuckfriesen dekorierten Wände von Treppenhaus und Vorhalle ähneln heute dem Zustand bei der Eröffnung des Museums. Für das Treppenhaus hatte Schinkel schon 1823 bei seinen ersten Planungen einen riesigen Freskenzyklus zur Bildungs- und Kulturgeschichte der Menschheit entworfen. Von 1828 bis 1834 fertigte er sechs Entwürfe an, die aber erst nach seinem Tod unter König Friedrich Wilhelm IV. ausgeführt wurden.

Der Künstler Peter Cornelius leitete von 1841, dem Todesjahr Schinkels, bis 1848 die Umsetzung der Schinkel-Fresken. Danach gerieten die Arbeiten aufgrund der Wirren der Märzrevolution von 1848 und wegen Geldmangels ins Stocken und wurden – ebenso wie die Aufstellung der Plastiken – nur noch sporadisch fortgesetzt. Mit dem Ende der Regierungszeit Friedrich Wilhelms IV. im Jahre 1861 konnte schließlich die letzte der Plastiken, die Löwenkämpfergruppe von Albert Wolff, auf der westlichen Treppenwange aufgestellt werden.

Inhaltlich sollten die vom Lustgarten aus gut sichtbaren Schinkel-Fresken die Exponate im Museumsinneren in einen größeren geistesgeschichtlichen Zusammenhang stellen. Eine konsequente, ja perfektionierte Weiterführung der Idee eines solchen bildungspolitischen Programms verfolgte Friedrich August Stüler dann einige Zeit später beim Bau des Neuen Museums, bei dem Dekoration und Exponate zu einer Einheit verschmolzen. Die Fresken am Alten Museum sind aufgrund der Kriegszerstörungen nicht erhalten, es existieren aber

Das Alte Museum im Überblick

Name	Königliches bzw. Neues Museum (1830–1845)
	Altes Museum (seit Mitte des 19. Jhs.)
erbaut	1824–1830
Architekt(en)	Karl Friedrich Schinkel
eröffnet	1830
Sanierungen	1951–1966
	1998–2014 (Hilmer & Sattler und Albrecht)
Sammlungen / Dauerausstellungen heute	Antike Welten. Griechen, Etrusker und Römer im Alten Museum Antikensammlung
	Schatzkammer antiker Münzen

Rechte Seite:
Bildergalerie im Obergeschoss nach dem Umbau von 1884 (oben) und Präsentation der Zeusgruppe des Pergamonaltars in der Rotunde, 1866 (unten)

noch Vorzeichnungen und Farbdrucke der Schinkelschen Entwürfe im Berliner Kupferstichkabinett.

Der 1828 einberufenen königlichen »Kommission zur Einrichtung des Museums« unter der Leitung Wilhelm von Humboldts gehörten neben Schinkel und Hirt auch der Hamburger Kunsthistoriker Gustav Friedrich Waagen und der Bildhauer Christian Daniel Rauch an. Zwischen Schinkel und Waagen entwickelte sich während der Planungs- und Ausführungsarbeiten eine enge Freundschaft.

Waagen, der auf den ersten Lehrstuhl für Kunstgeschichte der Berliner Universität berufen wurde und zu den Begründern der Kunstgeschichte als Wissenschaft gehört, veröffentlichte 1844 unter dem Titel »Karl Friedrich Schinkel als Mensch und Künstler« auch die erste Schinkel-Biographie. Darin heißt es über das Alte Museum: »Das nächste Jahr (1823) ist in der Entwicklungsepoche Schinkel's als Architekt von großer Bedeutung, denn in diesem entwarf er den Plan zum Museum, unter den zur Ausführung gekommenen Gebäuden, auf welche er Gesetze und Formen griechischer Kunst frei in Anwendung gebracht hat, das vollkommenste Werk. (…) Der Plan selbst bietet eine seltene

Vereinigung von Schönheit, Einfachheit und Zweckmäßigkeit dar. Betrachten wir das Aeußere, so ist die Halle von achtzehn ionischen Säulen, in deren reichster und edelster Form, von einer so reinen und schönen Wirkung, daß ich an alten und neuen Gebäuden in Europa keine kenne, welche sich damit messen dürfte.«

Die Museumskommission entschied, im »Königlichen Museum«, also dem heutigen »Alten Museum«, nur die so genannte »hohe Kunst« zu zeigen. Damit waren prähistorische Fundstücke, aber auch die Kunstschätze des Nahen Ostens von der Präsentation ausgeschlossen; sie wurden stattdessen im Schloss Monbijou, am gegenüberliegenden Spreeufer, gezeigt. Zugleich legte die Kommission eine Denkschrift über die zukünftigen Aufgaben der Museen in Berlin vor. Ihrer Vision von einer »hohen Kunst« folgten darin nun auch didaktische Vorgaben. Die Gelehrten zeigten sich überzeugt, dass »dem ersten und höchsten Zweck eines Museums Erweckung und Ausbildung des Kunstsinnes« zukomme, dass man »erst erfreuen, dann belehren« solle. Alois Hirt, dessen Interessen eher wissenschaftlich nüchtern und rein historisch geprägt waren, hatte eine andere Auffassung und verließ die Kommission aufgrund von Meinungsverschiedenheiten bereits 1829.

Als Erstausstattung des Alten Museums wurden im Hauptgeschoss rund 450 antike Skulpturen und Gipsabgüsse gezeigt, im Obergeschoss 1200 Bilder; das Souterrain war für Münzen, Medaillen, Vasen und Kleinplastiken bestimmt. Die meisten Ausstellungsstücke stammten aus zwei zuvor erworbenen Sammlungen. Im Jahr 1815 hatte Friedrich Wilhelm III. 158 Bilder aus der Kunstsammlung der italienischen Adelsfamilie Giustiniani erworben, einer der bedeutendsten Sammlungen des 16. und 17. Jahrhunderts. Sie bestand vor allem aus antiken Skulpturen und Gemälden.

Ergänzt wurden diese Stücke durch die Sammlung Solly. Edward Solly war englischer Kaufmann und ein bedeutender Kunstsammler des frühen 19. Jahrhunderts. Der von ihm betriebene Holz- und Getreidehandel war während der napoleonischen Kriege in immer größere finanzielle Schwierigkeiten geraten, daher hatte er sich wegen einer Entschädigung an den preußischen Staat gewandt, in dessen Dienst es zu seinen Verlusten gekommen war. Tatsächlich gewährte man Solly 1818/19 eine Entschädigung sowie ein Darlehen, für das seine auf über 3000 Bilder angewachsene Gemäldesammlung als Sicherheit dienen sollte.

Die Rückzahlung des Kredites erwies sich jedoch als schwierig und schon 1820 begann Solly über den Ankauf der Sammlung zu verhandeln. Am 15. November 1821 verkaufte er sie tatsächlich für eine Summe von 500000 Reichstalern an den preußischen König. Solly hatte eine Vorliebe für die italienische Malerei vom Trecento bis zur Renaissance, erst relativ spät richtete er sein Augenmerk auch auf altdeutsche und altniederländische Malerei. Schinkel, der mit Solly befreundet war, sah dessen Sammlung als eine vortreffliche Basis an, um die Sammlung Giustiniani vorteilhaft und entsprechend dem von ihm angestrebten Bildungsideal zu ergänzen.

Wir erleben Schinkel im Alten Museum also als sowohl inhaltlichen, wie auch räumlichen Schöpfer. Auf den Ausstellungsebenen in Souterrain, Erdgeschoss und Obergeschoss hatte er programmatische Rundgänge durch die vier Museumsflügel geplant. Um die Gestaltung einer so neuen Bauaufgabe gebührend vorzubereiten, hatte sich der Architekt im Sommer 1826 auf Studienreisen nach Paris und London begeben. Alle Exponate im Alten Museum wurden nach neuesten Erkenntnissen geordnet, nach Künstlern, Malerschulen und Epochen. Das war für diese Zeit revolutionär und Ergebnis der langsam immer mehr an Profil gewinnenden wissenschaftlichen Kunstgeschichte. Schinkel platzierte die Exponate, sorgte für passende Sockel, geeignete Bilderrahmen und Wanddekorationen.

Die Räume des Hauptgeschosses, das die Antiken beherbergte, waren mit Säulen aus Stuckmarmor gestaltet. Einerseits hatten sie eine statische Funktion und trugen die hölzernen Deckenbalken, andererseits wirkten korinthische Säulen im Zusammenhang mit den griechischen und römischen Exponaten im Sinne einer

ganzheitlichen Raumästhetik. Im Obergeschoss wurden die Räume der Gemäldegalerie durch hölzerne Trennwände in einzelne Kabinette eingeteilt, damit man viele Bilder unterbringen und sie nach kunsthistorischen Gesichtspunkten untergliedern konnte. Die Wände waren mit dunkelroten Tapeten bezogen. Das darauf befindliche graublaue Muster war in kleinen Sälen durch kleine Blumenarrangements bestimmt, in großen Sälen durch etwas üppigere. Bereits im Frühsommer des Jahres 1829 konnten sich Besucher für ein Eintrittsgeld von 10 Groschen einen ersten Eindruck von den leeren Museumsräumen verschaffen. Über 3000 Berliner nutzten diese Möglichkeit.

Am 3. August 1830 wurde das Museum dann endlich offiziell eröffnet. Es war so gut bestückt, dass man sogleich über eine Erweiterung nachdachte – mit dem Ergebnis, dass 1843 der Bau des »Neuen Museums« begann. Erst ab diesem Zeitpunkt war das Alte Museum

tatsächlich das »Alte Museum« – vorher war es ja selbst das »Neue Museum« gewesen. Friedrich August Stüler erbaute im Nordflügel, direkt hinter der Rotunde, eine Brücke zwischen beiden Museen.

Im Mai 1831 war die Museumskommission nach erfolgreichem Abschluss ihrer Arbeiten aufgelöst worden. Die Verwaltung der zunächst sechs Sammlungen, die alle zu den »königlichen Museen« gehörten, übernahmen Direktoren. Gustav Waagen leitete bis 1868 die Gemäldegalerie; die Sammlung antiker Skulpturen kam unter die Leitung des Bildhauers Friedrich Tieck; das so genannte Antiquarium hatte Jakob Andreas Konrad Levezow unter sich; das Kupferstichkabinett Wilhelm Eduard Schorn; die Ägyptische Sammlung unterstand bis 1865 Giuseppe Passalaqua, dessen Privatsammlung auch den Grundstock dieses Museums bildete.

Im Stadtschloss verblieben die Exponate der Königlichen Kunstkammer, deren Direktor, Freiherr Leopold

von Ledebur, mit der Eröffnung des Neuen Museums im Jahr 1859 auch Direktor des Museums der vaterländischen Altertümer und des Ethnografischen Museums wurde.

Das 20. Jahrhundert

Bis 1904 blieb die inhaltliche und räumliche Ausstattung des Alten Museums weitgehend unverändert, danach wurde es bis zu seiner kriegsbedingten Schließung im Jahre 1939 ausschließlich zur Präsentation der Antikensammlung genutzt. Als Studienort und Reiseziel wurde es von den Berlinern und ihren Gästen lebhaft genutzt. Mit der Novemberrevolution von 1918 und der Abdankung Kaiser Wilhelms II. wurden die einst Königlichen Museen zu Staatlichen Museen – an den Türen des Alten Museums hingen rote Plakate mit der Aufschrift:

»Nationaleigentum«. Die Folgen dieser Entwicklung waren unterschiedlich. Allgemein ergaben sich für die Museen neue räumliche Möglichkeiten: Schlösser und Palais der Hohenzollern standen nun als repräsentative Ausstellungsräume zur Verfügung. So konnte 1921 das Kunstgewerbemuseum in das Berliner Stadtschloss einziehen. Gleichzeitig war die Zeit einer regen Ankaufs- und Sammlungstätigkeit nach dem Ersten Weltkrieg vorbei.

Deutsche Grabungen im Ausland waren per Versailler Vertrag untersagt und durften erst nach und nach und nur im beschränkten Umfang wieder aufgenommen werden. Im Jahr 1931 konnte immerhin Wilhelm Waetzoldt, seit 1928 Generaldirektor der Staatlichen Museen, in seiner »Denkschrift über die Berliner Museen als Forschungsstätte« stolz berichten, dass hier archäologische und kunsthistorische Standardwerke verfasst wurden und die hochqualifizierte Arbeit von über 600 Wissen-

Nationalsozialistische
Parade am 1. Mai 1937
vor dem Alten Museum

schaftlern und Restauratoren den Museen Weltrang eintrug.

Nach der Machtübernahme der Nationalsozialisten im Frühjahr 1933 gab es auch innerhalb der Berliner Museumslandschaft große personelle und inhaltliche Veränderungen, die schließlich in den Zerstörungen des Zweiten Weltkriegs gipfelten. Generaldirektor Waetzoldt war schon am 1. Juli 1933 beurlaubt worden, man warf ihm finanzielle Unregelmäßigkeiten, die Förderung »Entarteter« Kunst sowie die Unterstützung und Anstellung von Juden vor. Sein Nachfolger wurde 1934 der Direktor der Ostasiatischen Sammlung, Otto Kümmel.

In der Zeit des Nationalsozialismus dienten sowohl das Alte Museum als auch der Lustgarten als Kulisse propagandistischer Inszenierungen. 1935 wurde in Vorbereitung der Olympischen Spiele damit begonnen, den Gartencharakter des Lustgartens zu beseitigen. Blu-

Rechte Seite oben:
Siegesparade der
russischen Truppen vor
dem zerstörten Alten
Museum, 1945
Rechte Seite unten: Der
Lustgarten nach
Kriegsende, im Vorder-
grund rechts das Stadt-
schloss, 1945

menrabatten und Gehölze wurden entfernt, stattdessen nahm man eine kleinteilige Pflasterung des Platzes vor. Auch die riesige Granitschale erhielt einen anderen Platz, sie kam vor die Nordseite des Domes. Ganz ähnlich war die Entwicklung übrigens in München: Auch der Königsplatz vor der Glyptothek, das »antike« Forum König Ludwigs I., gestaltet als klassizistischer Rasenplatz von Leo von Klenze, wurde zu einem zentralen Aufmarschplatz der Nationalsozialisten. Hier fanden unter anderem Aufmärsche und Umzüge anlässlich des von 1933 bis 1939 jährlich stattfindenden »Tages der Deutschen Kunst« statt. Architekturmodelle wurden, Heiligenstatuen gleich, durch München und insbesondere über den Königsplatz gefahren.

Im Berliner Lustgarten fanden jedes Jahr am 1. Mai militärische Aufmärsche statt, der Platz bot Raum für bis zu 27000 Personen. Die Treppe vor dem Alten Museum diente als Rednertribüne, die in der Vorhalle befindlichen Marmorstatuen, die bedeutende Künstler und Wissenschaftler darstellten, wurden entfernt. Schinkels Museum kam aber noch eine andere, weit reichende Bedeutung zu: Es wurde zum architektonischen Vorbild für Paul Ludwig Troost, der in jener Zeit Hitlers erster Architekt war. So ist zum Beispiel die Fassade des »Hauses der (Deutschen) Kunst« (1933–37) in München dem Alten Museum in Berlin nachempfunden, und der Grundriss stand möglicherweise auch Pate für den ebenfalls von Troost entworfenen NSDAP-Verwaltungsbau (1934–1937) am Münchner Königsplatz.

Wie alle anderen Einrichtungen auf der Museumsinsel wurde auch das Alte Museum am Tag des Kriegsbeginns, dem 1. September 1939 geschlossen. Seine Bestände wurden ausgelagert, in Tieftresore oder Flaktürme gebracht, aus Berlin abtransportiert – eine sechs Jahre dauernde Odyssee. 1941 bereits wurde das Alte Museum bei einem Luftangriff getroffen, Fassadenschäden wa-

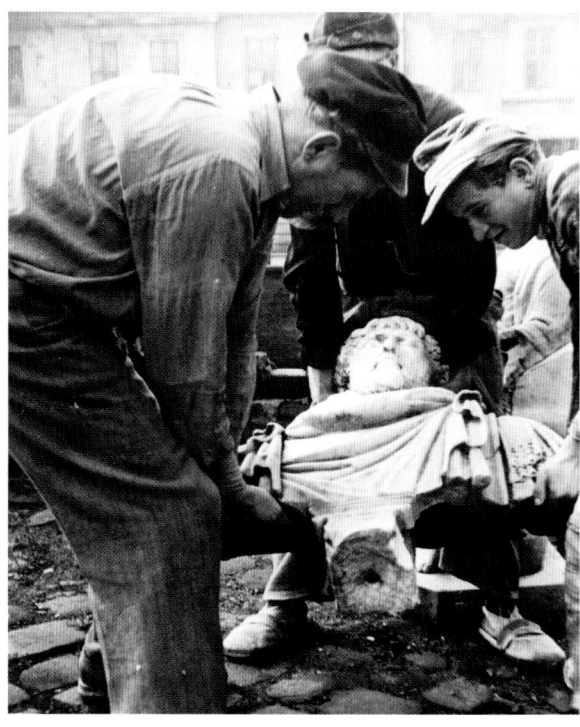

ren die Folge. 1943 schlug eine Bombe in dieselbe, schon zerstörte Stelle ein, Teile der Grundgewölbe brachen ein. Ein Jahr später brannten der im Obergeschoss gelegene Studiensaal und der Dachstuhl aus. Die entscheidende Zerstörung des Museums erfolgte jedoch erst kurz vor Kriegsende. Am 30. April 1945 brannte es nach der Explosion eines in der Nähe geparkten Tankwagens vollständig aus. Dabei wurde das ursprüngliche klassizistische Inventar vernichtet, ebenso die Brücke zum Neuen Museum. Die Cornelius-Fresken gingen fast gänzlich verloren.

Nach Sicherungsmaßnahmen 1951 begann ab 1958 unter Generaldirektor Ludwig Justi die planmäßige Wiederherstellung des Alten Museums. Schwierigkeiten mit der Gründung und ein hoher Grundwasserstand ließen nur eine abschnittsweise Fertigstellung einzelner Bereiche zu. Trotzdem war das Alte Museum der erste Bau auf der Museumsinsel, der nach dem Krieg wieder

aufgebaut wurde. Die Baumaßnahmen wurden von Hans Erich Bogatzky und Theodor Voissen geleitet, 1963 war der Rohbau nach Schinkelschem Vorbild wiederhergestellt. 1966 wurde das Museum wiedereröffnet, jetzt jedoch mit anderer inhaltlicher Ausrichtung als »Galerie für Werke der Bildenden Kunst des 20. Jahrhunderts«. Die Grundstruktur des Schinkelbaus wurde im Wesentlichen beibehalten. Der gesamte Außenbau – mit Kassettierung der Decke in der Vorhalle, aber ohne die Wandgemälde – und auch die Rotunde, als einziger der Innenräume, sind originalgetreu wiederhergestellt worden. Alle anderen Räume wurden zwar beim Wiederaufbau in den ursprünglichen Proportionen gehalten, aber insgesamt neu und stark vereinfacht gestaltet. Die einst gemusterten Natursteinböden wurden durch schlichte Bodenfliesen ersetzt, die Wandfresken nicht wiederhergestellt. Gemäß der nach dem Krieg neu definierten Funktion als Galerie für moderne Kunst, wur-

den auch die Säulenstellungen im Hauptgeschoss nicht wieder errichtet; purifizierte, dekorlose Räume umgaben nun die Exponate. Beim Wiederaufbau wurde in den Nordflügel eine Treppe vom ersten ins zweite Obergeschoss gebaut, die die Schinkelsche Konzeption störte und nach 1998 wieder entfernt worden ist. In der Zeit der DDR fanden im Alten Museum gemäß seiner Bestimmung diverse Sonderausstellungen zeitgenössischer Kunst, aber auch von Kunst des 19. Jahrhunderts statt. Anlässlich des 200. Geburtstages des großen Baumeisters fand 1981 eine große Schinkelausstellung statt. In diesem Zusammenhang wurde die originale Skulpturenaufstellung der Schinkelschen Museumskonzeption

wiederhergestellt. Auch die erneute Farbfassung der Rotunde im Jahr 1982, im Stil eines, wie es heute heißt, »stalinistischen Klassizismus«, geht auf die große Schinkel-Retrospektive zurück.

Nach 1989 begann auch für die Berliner Museumsinsel eine neue Epoche. Für das Alte Museum ist die Zeit, in der es vorrangig für Wechselausstellungen und der Präsentation moderner Kunst diente, vorbei. Nach einem kurzen Zwischenspiel, in dem bis zur Vollendung des Neuen Museums im Jahr 2009 die Ägyptische Sammlung in das Obergeschoss des Alten Museum eingezogen war, dient es heute wieder als reines Antikenmuseum.

Das Alte Museum, hier mit modernen Skulpturen im Lustgarten, 1987

DAS NEUE MUSEUM

Eine »Freistätte für Kunst und Wissenschaft«

Im Jahre 1839 wurde Ignaz Maria von Olfers, ein enger Vertrauter Friedrich Wilhelms IV., zum Generaldirektor der Königlichen Museen in Berlin ernannt. Schon ein Jahr später machte er den musisch interessierten und begabten König auf die – von Anfang an – beengte Situation im Alten Museum und die unbedingt notwendigen Erweiterungsmaßnahmen aufmerksam. Hintergrund für den Bau eines zweiten Museums auf der Insel war dabei auch die allmähliche Hinwendung der Kunstgeschichte zu anderen historischen Epochen als der griechischen Antike und zu anderen Regionen als den antiken Kernländern. Dieser Prozess vollzog sich allerdings langsam und diskontinuierlich. Die Situation um die Mitte des 19. Jahrhundert war charakterisiert durch die von Friedrich Wilhelm IV. geförderten ägyptischen Ausgrabungskampagnen unter dem Archäologen Richard Lepsius. Ägyptische Altertümer wurden ab 1835 im Schloss Monbijou, nördlich der Museumsinsel, ausgestellt. Die rasch wachsende Ägyptische Sammlung, aber auch die Schätze der Vor- und Frühgeschichte und des Mittelalters benötigten neue Räumlichkeiten, der Bau eines neuen Museums wurde unabdingbar.

Olfers verfasste im Januar 1841 ein sechzehnseitiges Memorandum, in dem er die Schaffung einer »reich begabten Freistätte für Kunst und Wissenschaft« vorschlug. Er sah zwei mögliche Varianten vor, favorisierte aber die Idee, eine parallel zur Straße Unter den Linden verlaufende Achse zu gestalten, an der das »stille Leben der Wissenschaft mit ihren Instituten« seinen Platz finden sollte. Der König jedoch entschied sich dafür, die

Spreeinsel hinter dem Schinkelschen Museumsbau zu einer solchen »Freistätte« zu gestalten, für deren architektonische Gestaltung er auch gleich eigene Vorstellungen entwickelte. Diverse Grundrissskizzen und Ansichten der Museumsinsel aus der Feder Friedrich Wilhelms IV. haben sich bis heute erhalten. Auf der wohl bekanntesten perspektivischen Skizze von 1841 stellte der König ein aus mehreren tempelartigen Gebäuden bestehendes symmetrisches Ensemble dar: eine Vision des so oft beschworenen »Spree-Athens«, mit einem Tempel auf hohem Sockel im Zentrum. Der hier

»Die preußische Expedition feiert am 15. Oktober 1842 auf der Spitze der Cheopspyramide den Geburtstag des Königs Friedrich Wilhelm IV.«, Lithographie nach Aquarell von Johann Jakob Frey, 1845

Linke Seite:
Nordkuppelsaal mit Nofretete, 2010

Vorderansicht

skizzierte Tempel wurde später zum Vorbild für die Nationalgalerie, die von 1866 bis 1876 entstand. Wie der Parthenon auf der Athener Akropolis hat der krönende Tempelbau in der königlichen Skizze acht Frontsäulen, aber das ist fast schon die einzige Parallele: Die Kapitelle sind korinthisch und nicht dorisch, und der ganze Bau ist einem römischen, nicht einem griechischen Tempel nachempfunden. Formal sollte die »Freistätte« in ein repräsentatives, mit Hilfe von Kolonnaden geordnetes römisches Forum eingebettet sein. Sowohl der König als auch Olfers dachten nicht nur an die Errichtung von Museen auf der Insel, sondern an die Schaffung eines vielfältigen Forums mit Kunst- und Kulturbauten, mit einer Aula, Universitäts- und Akademiegebäuden.

Die Skizzen des Königs waren für den Architekten des Neuen Museums, Friedrich August Stüler, Anregung und Auftrag. In einem Berlin-Reiseführer konnte man 1858 über das noch nicht eröffnete Museum bereits

lobende Worte lesen: »Das Gebäude ist täglich, von 12 bis 2 Uhr, mit Ausnahme der Sonn- und Festtage, für den Eintrittspreis von 5 S(ilbergroschen), die zu milden Zwecken bestimmt sind, geöffnet. Hinter dem sog. Schinkel`schen Museum gelegen und mit diesem durch eine Colonnadenhalle verbunden, ist es nach den Entwürfen des Oberbauraths Stüler, und unter Mitwirkung der berühmtesten Koryphäen der Architektur und Kunst ausgeführt und verspricht, obschon erst in seinem äussern Bau vollendet, die schönste Zierde unserer Residenzstadt zu werden.«

Stüler war an der Berliner Bauakademie ein Schüler Schinkels gewesen. Nach dessen Tod im Jahr 1841 wurde Stüler, damals Direktor der Schlossbaukommission, in alle Berliner Bauvorhaben des eben gekrönten Königs Friedrich Wilhelms IV. einbezogen. Neben Ludwig Persius, ebenfalls ein Schinkelschüler, dem die königlichen Bauten von Potsdam oblagen, bekam Stüler 1842 den

Titel »Architekt des Königs« verliehen. Nach Persius'
Tod im Jahre 1845 übernahm er das gesamte Hof- und
Staatsbauwesen.

Schlichter Klassizismus und viel Neues

Das Neue Museum ist nicht nur ein sowohl kunst- als
auch museumsgeschichtlich bedeutsamer Monumental-
bau des 19. Jahrhunderts, sondern auch ein Denkmal der
Technikgeschichte. Die Grundsteinlegung erfolgte
1843, der Rohbau war drei Jahre später fertig. Die den
Museumsentwurf prägende Innenausstattung wurde
1859, das Haupttreppenhaus sogar erst 1866 vollendet.
Das schlichte Äußere ist ganz dem späten Klassizismus
Preußens verpflichtet, es lässt die geradezu revolutionä-
ren konstruktiven Lösungen Stülers im Inneren kaum
erahnen. Der rechteckige Baukörper des Neuen Muse-
ums zeigt mit der schmalen Giebelseite zum Alten Mu-
seum, mit der westlichen Längsseite grenzt es an jenes
Grundstück, auf dem bis in die 1930er Jahre der von
Schinkel entworfene Packhof aus dem Jahr 1832 stand.
Auf diesem unmittelbar am Kupfergraben gelegenen
Grundstück entsteht die James Simon-Galerie des eng-
lischen Architekten David Chipperfield, ein zentrales
Empfangsgebäude für die Besucher der Museumsinsel.

Ein wichtiges Vorbild für das Neue Museum war der
unausgeführte Entwurf des Architekten Leo von Klenze
für einen Königspalast auf der Akropolis von 1834/35;
die Ähnlichkeiten in der Fassadengestaltung sind ver-
blüffend. Das Äußere des Neuen Museums ist klassizistisch, schlicht und streng, von einer geradezu preußischen Ordnung der einzelnen Bauglieder geprägt. Die
schmückenden Skulpturen und Reliefs sind keine eigenständigen Kunstwerke, sondern ordnen sich der Architektur unter, werden selbst Teil der Fassade. Als Baumaterial diente wie beim Alten Museum verputzter
Backstein, der äußerlich wie Sandstein wirkt. Erwäh-
nenswert sind die beiden Giebelreliefs: Im Westen, auf
der Kupfergrabenseite, sieht man das Motiv »Die Kunst

unterweist Industrie und Kunstgewerbe« (1856), in dem
die seit dem Beginn der Industrialisierung zentrale Frage nach dem Verhältnis von Kunst und Massenfertigung
thematisiert wird. Das Relief, das aus Zinkguss besteht,
sollte ebenfalls wie Sandstein wirken. Sein Schöpfer, der
Künstler August Kiss, hatte gut zehn Jahre zuvor auch
die vor dem Alten Museum stehende Skulptur einer
Amazone, die mit einem Panther kämpft, geschaffen.
An der Ostfassade des Neuen Museums, gegenüber der
Nationalgalerie, kann man ein (restauriertes) Stuckreli-
ef von Friedrich Drake erblicken. Das Thema dieses
Motivs ist der Historismus: »Die Geschichte unterweist
die Baukunst, Bildhauerei, Malerei und Grafik«. Unter-
halb des Westgiebels ist der Bildungsanspruch König
Friedrich Wilhelms IV. in goldenen Lettern festgehal-
ten: »ARTEM NON ODIT NISI IGNARIUS« (»Die
Kunst verachtet nur der Ungebildete«).

Der Grundriss des Neuen Museums ähnelt auf den
ersten Blick dem des Alten Museums: Es handelt sich
ebenfalls um eine Vierflügelanlage. Wo aber bei Schinkel eine Rotunde das Zentrum bildet, ist es hier das repräsentative und einst prächtig ausgestattete querliegen-
de Haupttreppenhaus. Ursprünglich war es mit einem

Blick über die Friedrichsbrücke: Kolonnaden, Neues Museum, Orangerie und Welpersches Badehaus, Aufnahme von 1919

Detail: Das Tympanon an der Ostfassade, Aufnahme von 1986

Die Ostfassade vor der
Zerstörung 1930 ...

... und nach dem
Wiederaufbau 2011

ter, dessen schönste Entwürfe leider nicht ins Leben traten, hierdurch ein Andenken zu stiften.« Von der zeitgenössischen Architekturtheorie als »griechische« Konstruktion gefeiert, orientierte sich die Form des offenen Dachstuhls an der Überdachung griechischer Säulenhallen und Tempel. Schinkel hatte damit 1834 seinen Entwurf eines Palastes für König Otto I. auf der Athener Akropolis ausgestattet, und auch Leo von Klenze verwandte im gleichen Jahr diesen Typus für seinen Akropolisentwurf und zwei Jahre später für die Walhalla in Donaustauf bei Regensburg. Alle Dachstühle waren polychrom gefasst und zeigten damit einmal nicht den weißen, sozusagen »farbentleerten« Klassizismus, wie er an der Fassade vieler Bauten jener Zeit zu sehen ist.

Das repräsentative Treppenhaus, vor seiner Kriegszerstörung mit einem weltgeschichtlichen Bildzyklus Wilhelm von Kaulbachs geschmückt, teilt die Anlage so, dass – ebenfalls wie beim Alten Museum – zwei Innenhöfe entstehen. Beim Neuen Museum waren die Höfe jeweils einer wichtigen Kulturepoche zugeordnet: Im Norden lag damals wie heute der Ägyptische Hof, der durch Stüler mit einem 380 Quadratmeter großen, stützenfreien Glasdach überdeckt wurde und seine Herkunft von zeitgenössischen Industriehallen nicht verleugnen konnte. Der Griechische Hof im Süden war ursprünglich als Licht- und Lufthof gedacht, wurde aber bei einem Umbau zwischen 1919 und 1923 mit einem Glasdach versehen. Im Obergeschoss hatte Stüler, ebenfalls jeweils im Nord- und im Südteil, je einen Kuppelsaal angeordnet. Die Kuppeln waren um vieles kleiner als die Rotunde im Schinkelschen Museum, dafür aber waren sie auch am Außenbau sichtbar. Vor dem Haupteingang des Museums, auf der Ostseite, steht eine aus dorischen Säulen bestehende Kolonnade, die sich genau in jenen Bereich öffnet, auf dem heute die Nationalgalerie steht. Nach dem Plan Stülers aus dem Jahre 1841 sollten die Kolonnaden einen Umgang um den tempelartigen Bau bilden, der in ersten Planungen allerdings noch ein Festhaus der Universität war. Die letztlich realisier-

repräsentativen offenen Dachstuhl aus Holz versehen, der heute in vereinfachter Form noch erkennbar ist. Die Gestalt dieses von Stüler entworfenen Dachstuhls geht auf seinen Lehrer Schinkel zurück, wie er selbst schrieb: »Die Decke wurde nach dem schönen Entwurf Schinkel's für den großen Saal des Königs-Palastes auf der Akropolis zu Athen ausgeführt, indem der Architect es sich nicht versagen konnte, seinem innigst verehrten Meis-

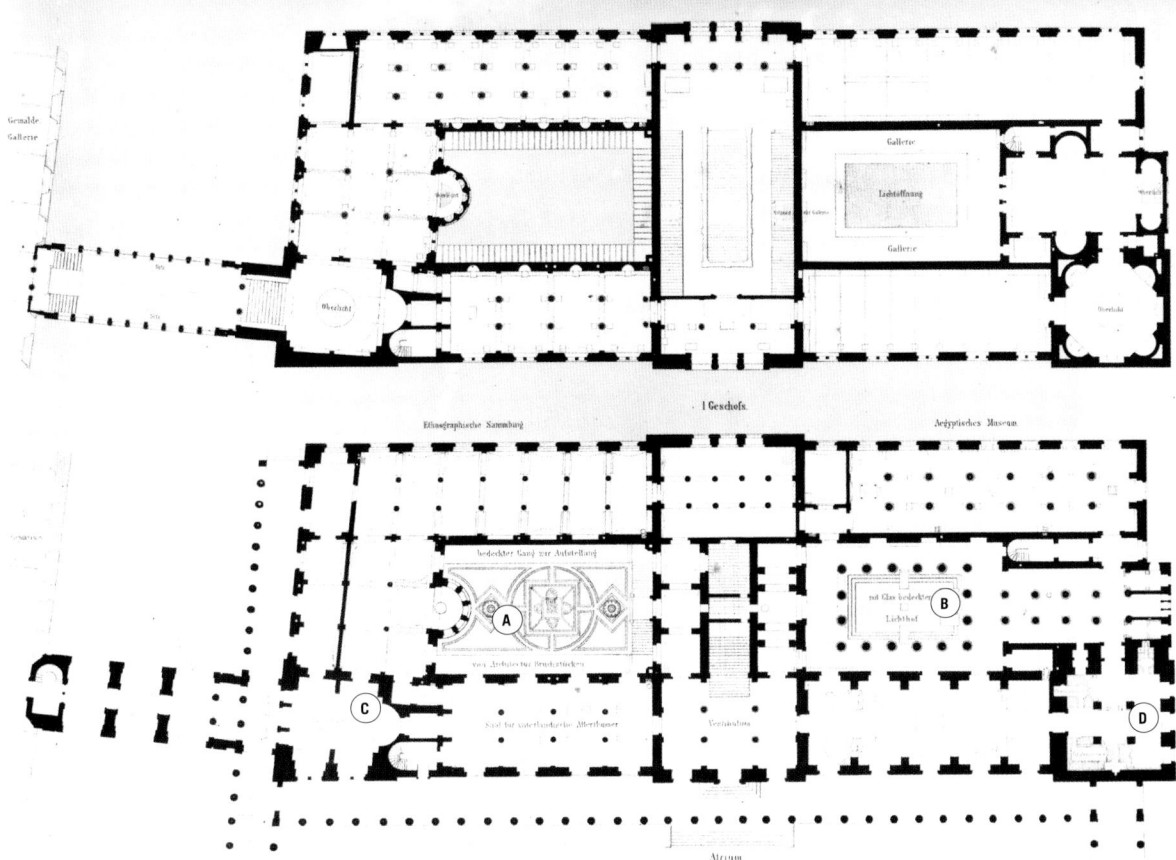

Grundriss des Obergeschosses (oben) und des Erdgeschosses (unten) mit Griechischem Hof (A), Ägyptischem Hof (B), Südkuppelsaal (C) und Nordkuppelsaal (D), Zeichnung von Stüler, 1862

ten Kolonnaden führten im rechten Winkel vom Neuen Museum bis zur Spree und dann, das Spreeufer begleitend, bis zur Nationalgalerie, eine Situation die heute genau so wieder zu erleben ist.

Grundriss- und Fassadengestaltung des Neuen Museums sind nicht sehr spektakulär. Die eigentliche Stärke des Baus liegt an anderer Stelle: Stüler war nicht allein Gestalter im architektonischen Sinne, sondern auch Ingenieur und Konstrukteur. Schon für die Bauarbeiten setzte er die damals neuesten Errungenschaften der Technik ein, zum Beispiel eine zentrale 5-PS-Dampfmaschine der Firma Borsig, mit der man den Aufzug, die Mörtelmischmaschine und die Pumpen antrieb, die für eine direkt an der Spree gelegene Baugrube unabdingbar waren. Auch für die Fundamentierung des Baus, die noch schwieriger war als beim Alten Museum, wurde moderne Technik angewandt: Mit Hilfe der Dampfkraft rammte man 2344 hölzerne Pfähle in den morastigen,

von eiszeitlichem Kolk durchzogenen Untergrund, der den Museumsbau sonst nicht hätte tragen können. Für den Transport von Baumaterial und vorgefertigten Bauteilen kam – erstmals in Berlin – eine direkt bis zur Baustelle gelegte Eisenbahnstrecke zum Einsatz.

Auch das Innere des Neuen Museums war von technischen Innovationen geprägt: Erstmals wurden in einem Kulturbau vorgefertigte eiserne Tragkonstruktionen eingesetzt, wie sie damals sonst nur für Brücken, Bahnhofshallen oder Industriebauten gebräuchlich waren. Eisenverbindungen hatten im Bauwesen noch keine lange Tradition. Stüler behalf sich, indem er Verbindungen aus dem Maschinenbau im Bauwerk einsetzte. Beraten wurde er dabei vom Fabrikanten August Borsig, dem deutschen »Lokomotivkönig«. Nicht zu Unrecht wird also das Neue Museum von Fachleuten als »Inkunabel preußischer Konstruktionskunst« (Werner Lorenz) bezeichnet. Die Eisenkonstruktionen kamen vor-

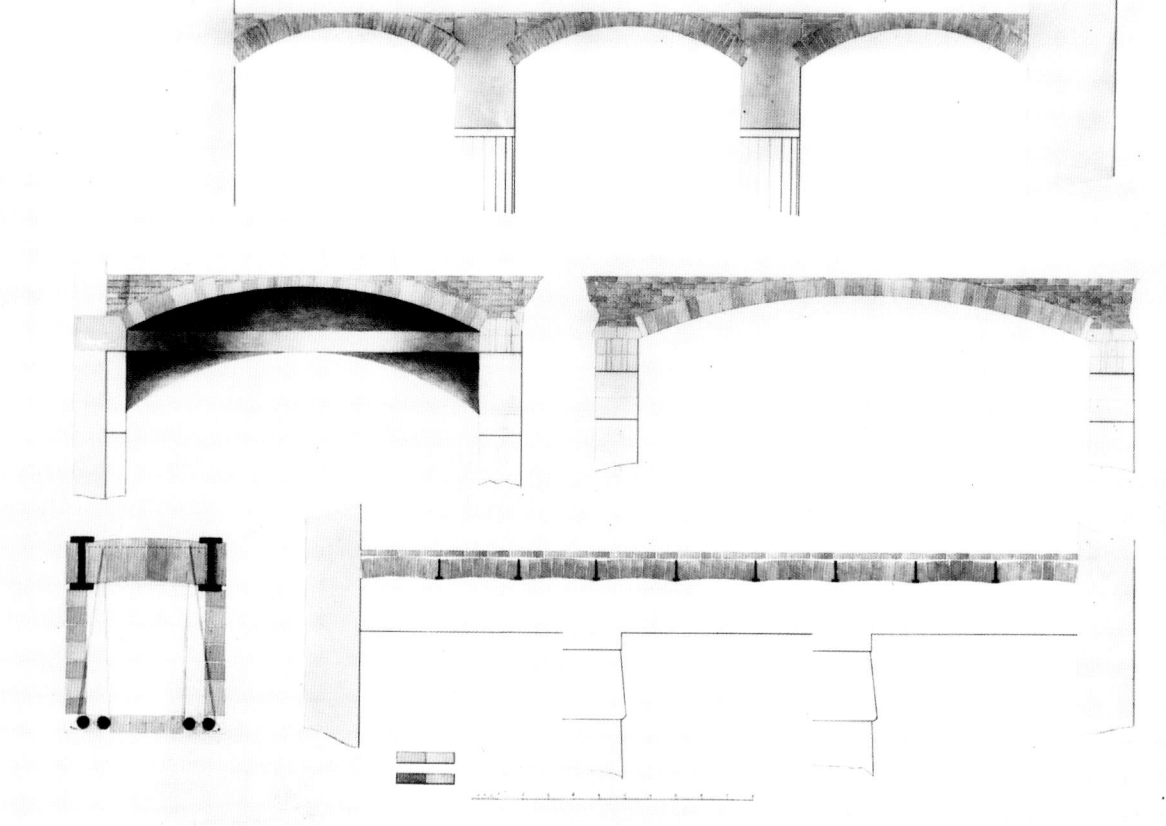

gefertigt aus dem Borsig-Werk an der Chausseestraße und mussten an Ort und Stelle nur noch zusammengefügt werden. Das beschleunigte die Arbeiten erheblich und sparte zudem Platz, was für ein relativ kompaktes Grundstück wie das, auf dem das Neue Museum errichtet wurde, von Vorteil war. Im Verlauf des Baugeschehens nahm der Einsatz standardisierter, vorgefertigter Eisenkonstruktionen sogar noch zu. Stüler und Borsig wurden sich vermutlich erst während des Baugeschehens aller Vorzüge der industriellen Fertigung bewusst. Die Beschleunigung des Baufortschritts war so enorm, dass es kurzzeitig sogar zu Lieferschwierigkeiten bei den Eisenteilen der Firma Borsig kam.

Schmückende Zinkgussteile, die zum Beispiel zur Dekoration von Geländern, Säulen oder Türeinfassungen dienen konnten, wurden am Oranienburger Tor, in der ersten Zinkgussfabrik Berlins hergestellt. Firmeninhaber war Moritz Geiß, der seine eigenen Arbeiten, die

unter anderem nach Entwürfen berühmter zeitgenössischer Architekten entstanden, ab 1841 in Musterheften unter dem Titel: »Zinkguß-Ornamente nach Zeichnungen von Schinkel, Stüler, Strack, Persius (…) in genauen Abbildungen nach dem Maßstabe zum Gebrauch für Architekten, Bauhandwerker und alle der Ornamentik Beflissenen« veröffentlichte.

Dank der modernen Techniken brauchte es nach Fertigstellung der Gründung nur ein Jahr, um den Rohbau des Neuen Museums zu errichten. Beim Alten Museum waren es dagegen noch zwei Jahre gewesen. In wesentlichen Teilen wurde das Neue Museum von einer Substruktur gusseiserner und schmiedeeiserner Konstruktionen durchzogen. Das war nicht nur innovativ, sondern auch billig, weil der Preis für aus England importiertes Roheisen seit 1835 stark gefallen war. Insgesamt führte der Einsatz von Eisen zu einer Reduzierung der Eigenlast des Gebäudes, was vor dem Hintergrund der

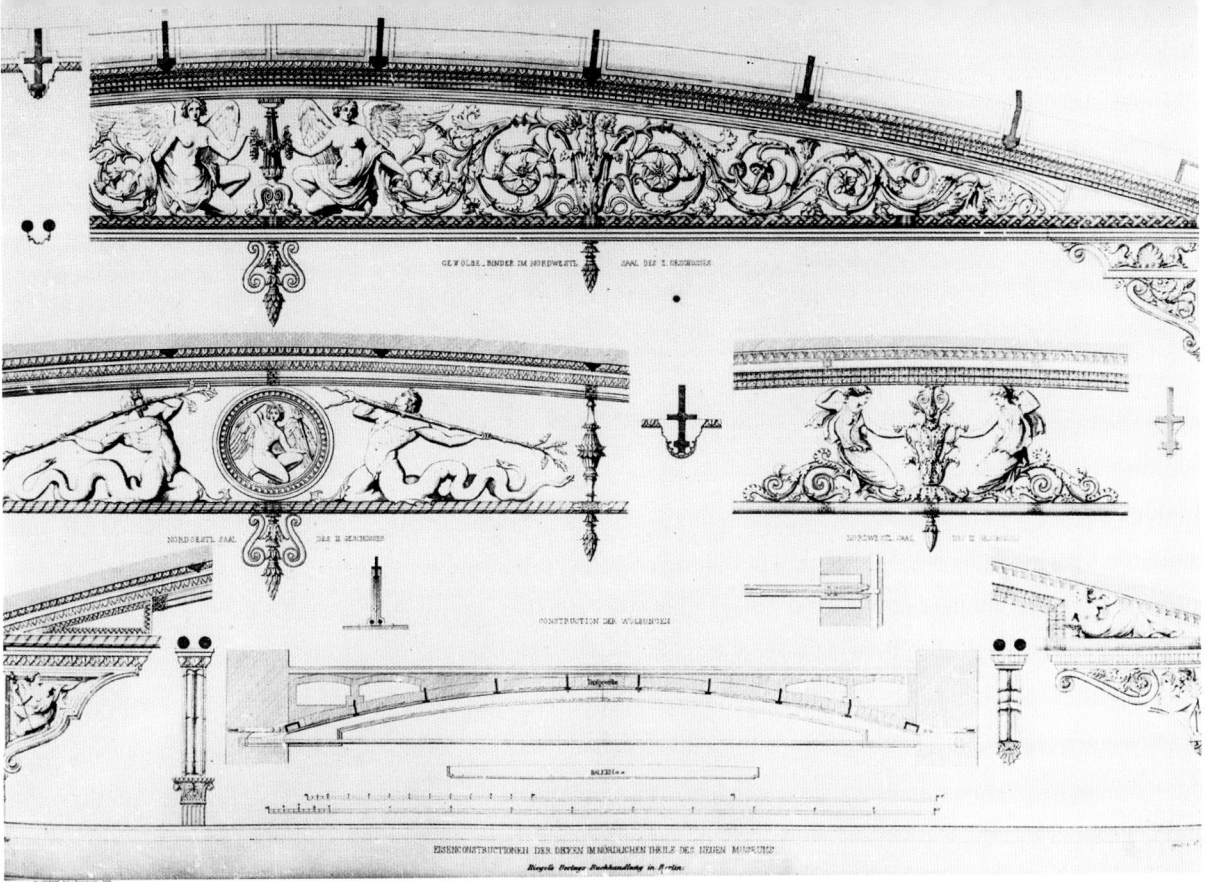

Ornamente und Dekoration ummantelten die moderne Skelettbauweise: Eisenkonstruktionen der Decken im nördlichen Teil des Neuen Museums, Detailzeichnungen Stülers, 1862

schwierigen Gründungsverhältnisse besonders wichtig war. Die Eisenkonstruktionen ermöglichten außerdem in den Sälen große, freie Spannweiten. Allerdings sollte man weder der Fassade noch der Innendekoration die Leichtigkeit der Bauweise ansehen. Schon Schinkel, der sich intensiv mit der Verwendung von Eisenkonstruktionen in England beschäftigt hatte, schrieb zu Anfang des 19. Jahrhunderts: »Die Metall-Constructionen bei aller Festigkeit sind zu leicht.« Diese Leichtigkeit, die Transparenz, das Schwebende der Konstruktion – wie es später die Architektur der Klassischen Moderne in den 1920er Jahren, die Bauten der 1950er Jahre und auch die heute aktuelle Architektur feiern – waren verpönt. Der Architekturkritiker Julius Posener sprach dabei von der »Furcht vor dem Verlust der Masse«. Die Festigkeit und Massivität, die den Bauten der Griechen und Römer innewohnte, galt als so vorbildhaft, dass die meisten Baumeister des 19. Jahrhunderts sich entweder gar nicht

auf Eisenkonstruktionen einließen, wie Karl Friedrich Schinkel und Gottfried Semper, oder so wie Friedrich August Stüler vorgingen und filigrane Konstruktionen verkleideten und ummantelten, um sie nicht sichtbar werden zu lassen.

Ein gewisses Bauvolumen, eine »Baumasse«, stand für Solidität, Sicherheit und Ewigkeit – genau das, was ein kulturhistorisches Museum damals seinen Besuchern vermitteln wollte. Eine Ausnahmeerscheinung hingegen war der Franzose Henri Labrouste, der schon 1830 die Meinung vertrat, »dass Festigkeit mehr von der Art abhängt, wie Materialien zusammengefügt sind, als von ihrer Masse«, und der dementsprechend in seinen Entwürfen für große Pariser Bibliotheken das Eisen im Bau unverhüllt zeigte.

Bei der Ruine des Neuen Museums waren nach dem Zweiten Weltkrieg die Konstruktionen (das »Skelett«) und ihre Verkleidungen (»die Haut«) jahrzehntelang

Jeder Saal mit eigenem Charakter: Stülers Entwurfszeichnungen für die Deckengestaltung, 1841

zu verkleiden, um damit die »Tektonik der Hellenen« nachzuahmen. Die Verkleidung der Konstruktion sollte baukünstlerischer Ausdruck der konstruktiven Funktion sein, aber auch das Prinzip der notwendigen »Baumasse« bzw. einer klassizistischen Formensprache berücksichtigen.

Stüler war jedoch nicht ausschließlich auf eine massive Verkleidung der Konstruktion fixiert. Fast spielerisch probierte er in den unzähligen Museumsräumen verschiedene Varianten aus: von der massiven Säule mit nicht sichtbar werdender Konstruktion über das durch Verkleidung verdeutlichte konstruktive Prinzip bis zur fast »nackten« gusseisernen Stütze, die nur durch eine Zinkummantelung mehr »Masse« erhielt. Auf diese Weise schuf er eine große Bandbreite gestalterischer Möglichkeiten, die auch schon den Weg in eine Zeit der unverkleideten Eisenkonstruktion wiesen. In einigen Räumen, wie zum Beispiel im Majolikasaal und in den beiden Kunstkammersälen im zweiten Obergeschoss, sieht man das gusseiserne Traggerüst als solches zwar ummantelt und dekoriert, aber nicht völlig verkleidet. Den Niobidensaal im ersten Obergeschoss, der unmittelbar an die Nordkuppel grenzt, überspannen zehn Bogensehnenträger. Mit Hilfe von Spannschrauben, einer Konstruktion, die aus dem Maschinenbau kam, konnten die Sehnen der Träger gespannt und damit justiert werden. Das Auflager der Träger blieb aber in der Wand verborgen bzw. war mit Konsolen verkleidet, die selbst keine konstruktive Funktion hatten, diese aber als Kunstform versinnbildlichen sollten. Ähnlich verhält es sich im direkt darüber liegenden Roten Saal, der gestalterisch eine Vereinfachung des Niobidensaals darstellt. Auch hier trugen ornamentierte Eisenträger die Saaldecke, auch hier blieben ihre Auflager in der Wand versteckt.

Im Römischen Saal und im Modernen Saal im ersten Obergeschoss gibt es nach wie vor Säulen aus Stuckmarmor, die in ihrem Erscheinungsbild denjenigen, die sich im Inneren des Alten Museums befanden, sehr nahe kommen.

deutlich zu sehen. Auch die denkmalpflegerischen Überlegungen zum Wiederaufbau des Hauses waren sehr stark von der Frage nach dem Verhältnis zwischen Konstruktion und deren Ummantelung bzw. Sichtbarmachung geprägt. Theoretischer Hintergrund für das Stülersche Konzept waren unter anderem die um die Mitte des 19. Jahrhunderts hochaktuellen, heute nur noch wenig bekannten Schriften des Berliner Architekturtheoretikers Carl Boetticher. Dieser präferierte zwar eindeutig den Eisenbau, hielt es aber für notwendig, ihn

Neben Eisen setzte Stüler auch andere Baustoffe sehr raffiniert ein. Erstmals in Berlin ließ er Deckengewölbe aus gebrannten Tonröhren zusammensetzen, so genannte »Topfdecken«. Die Tonröhrengewölbe hatten den großen Vorteil, dass sie leicht waren und damit ebenfalls zu einer Verminderung der Lasten des Gebäudes führten. Sie waren auch feuersicherer als Holzbalkendecken. »Topfdecken« benötigten keine gemauerten Pfeiler, aus denen sie hervorgingen, wie es zum Beispiel bei römischen Tonnengewölben oder den für das Mittelalter typischen Kreuzgewölben der Fall ist, sondern konnten gut mit den schlanken eisernen Konstruktionen kombiniert werden. Hergestellt wurden die Tonröhrenziegel von der Marchschen Tonwarenfabrik auf dem Tiergartenfeld in Charlottenburg. Ernst March hatte die Firma 1846 gegründet und Stüler bereits beim Bau der St. Matthäus-Kirche beliefert. Die Tonröhren wurden nicht allein für Deckengewölbe verwendet, sondern – zum Beispiel im Vestibül – auch für kassettierte Decken, die ebenfalls von einem Tragsystem aus Eisen, nämlich von gusseisernen Balken, gehalten wurden.

Stüler ließ Wandmalereien hinterlüften, damit die durch die Besucher zwangsläufig entstehende Feuchtigkeit schnell abtransportiert werden konnte und nicht zu Schäden am Gebäude oder an den Exponaten führte. Er setzte nicht nur vorgefertigte Eisenkonstruktionen ein, sondern auch Fertigparkett und Fertigmosaik. Nicht allein die Wanddekorationen änderten sich von Raum zu Raum, auch die Materialien der Fußböden differierten von Geschoss zu Geschoss und trugen zur Verschiedenartigkeit der Raumeindrücke bei. Während im Erdgeschoss in den Ausstellungsräumen farbiger Terrazzo lag und im Vestibül und im Griechischen Hof Naturstein eingesetzt wurde, gab es in den darüber liegenden Räumen stark farbige und sehr dekorative Mosaikfußböden, in Kombination mit Naturstein und gefärbten Gips-Estrich. Im zweiten Obergeschoss bestand der Fußboden aus Eichenparkett. Die Tragglieder wurden nach oben hin filigraner und als logische Folge auch die

Edle Materialien im Foyer, Aufnahme von 1920

Decken immer leichter. Das Neue Museum wurde zum Experimentierfeld der im Entstehen begriffenen preußischen Bauindustrie, ohne seine Modernität auf den ersten Blick preiszugeben. Der Einsatz des Eisens im Gebäude als vorgefertigtes Element und auch als sichtbarer Bestandteil der Innendekoration sowie die eingesetzte Bautechnologie ließen das Gebäude zu einer wirklichen Innovation werden.

In Philipp Löwes Buch »Das Neue Museum – Eine ausführliche Beschreibung seiner Kunstwerke und Sehenswürdigkeiten« von 1858 kann man in zeitgenössischen Formulierungen lesen, was man damals sehen sollte und wollte: »Was die Baumaterialien anbetrifft, so sind sie alle von der besten Beschaffenheit, denn man hat weder Kosten noch Mühen gescheut, um das Gebäude, entsprechend seinem schönen Zwecke und würdig seines erhabenen K(öniglichen) Schöpfers, prächtig herzustellen. So sind Säulen, Architrave etc. aus einem Stücke. Im ersten Geschoss sind Gewölbe und kleine Kuppeln aus Infusoriensteinen. Das Ganze ruht auf Sandsteinsäulen mit Stuckmarmor überzogen. Im zweiten Geschoss ruhen die Decken auf Marmorsäulen, und in dem dritten auf eisernen Säulen.«

Stülers Entwurf für den Ägyptischen Hof, inspiriert vom großen Ramesseum-Tempel bei Theben, Aquarell 1853

Die geordnete historische Welt

Das zentrale Thema des Neuen Museums war die museale Inszenierung der für ausstellungswürdig befundenen Höhepunkte der Kunstgeschichte. Gehuldigt wurde der Weltkunst durch eine höchst aufwendige, flächendeckende Innendekoration, die dem jeweiligen Stil der Exponate angepasst war. Sie sollte helfen, diese zu interpretieren und war damit gleichsam die Frühform eines didaktischen Ausstellungskonzeptes: Stüler und Olfers verbanden mit den Sammlungsstücken ein umfangreiches bildkünstlerisches Programm. Der Architekt schrieb dazu: »Endlich aber dürfte in Gebäuden für Kunstwerke stets auch der lebenden Kunst Geltung zu verschaffen und ihr ein angemessenes Feld der Darlegung und Entwicklung einzuräumen sein.«

Auch Schinkel hatte sein Museum als Gesamtkunstwerk entworfen. Aber während er klassizistisch ausgestattete Räume geschaffen hatte, die multifunktional genutzt werden konnten, umgab Stüler die ägyptische Sammlung mit einer ägyptischen Dekoration, ließ Gipsabgüsse römischer Skulpturen von antikisierenden Wandgemälden begleiten und versah die Sammlungen der Vor- und Frühgeschichte mit Darstellungen der Edda-Sage. Im Zusammenwirken von Originalen, Kopien aus römischer Zeit und modernen Gipsabgüssen zeigte sich dem Besucher ein scheinbar immer vollständiges Bild einzelner Epochen der Kunstgeschichte, unabhängig davon, wie zahlreich die Funde tatsächlich waren. Die Ausstellung von Gipsabgüssen antiker Skulpturen wurde in der zweiten Hälfte des 19. Jahrhunderts zur Selbstverständlichkeit, mit der man didaktische Lücken in der Präsentation der geordneten historischen Welt leicht füllen und fehlende griechische oder römische Originale ersetzen konnte. In Misskredit geraten ist die Kopie – die museale, wie im Übrigen auch die denkmalpflegerische – erst in der Moderne des 20. Jahrhunderts, die nur das »Original« wertschätzte. Heute wären wohl Computeranimationen das Mittel der Wahl, um historische Szenerien zu verdeutlichen.

In Stülers Konzeption sollten sich Exponat und Dekoration nur ergänzen, nicht aber in Konkurrenz zueinander treten. Die Pracht der Ausstattung sollte die Ausstellungsstücke keinesfalls übertrumpfen, obwohl gerade das dem Neuen Museum – genau wie der Glyptothek Leo von Klenzes in München – vorgeworfen wurde.

Die Ausstellungsräume waren auf drei Ebenen rund um die beiden Höfe angeordnet: den Ägyptischen Hof und den Griechischen Hof, der nach den Köpfen der griechischen Götter Zeus, Hera und Athene benannt war, die sich an der Außenwand des Treppenhauses befanden und von dort den gesamten Hof »überblickten«. Unterhalb der Götterköpfe, zwischen dem zweiten und dem dritten Obergeschoss, lief auf drei Seiten der Relieffries »Die Zerstörung von Pompeji« von Hermann Schievelbein um den Hof.

Der ursprüngliche Rundgang durch das Museum führte den Besucher chronologisch durch die Menschheitsgeschichte: Von den prähistorischen Altertümern ins ägyptisches Altertum, weiter durch die griechische und römische Antike bis hin zu den Werken der byzantinischen Kunst, der Romanik, Gotik, Renaissance und des Klassizismus.

Das Neue Museum im Überblick

Name	Neues Museum
erbaut	1843–1855
Architekt(en)	Friedrich August Stüler
eröffnet	1859, Treppenhaus 1866 fertiggestellt
Sanierungen	Notsicherung in den 1980er Jahren 1997–2009 (David Chipperfield)
Sammlungen/Dauerausstellungen heute	Vor- und Frühgeschichte (mit Objekten der Antikensammlung) Ägyptisches Museum und Papyrussammlung

Die Ägyptische Abteilung mit Sarkophagen, Mumien und Grabbeigaben war im Sockelgeschoss untergebracht. Der Ägyptische Hof war eine der aufwendigsten und bildhaftesten Inszenierungen Stülers. Unter einer weitgespannten Glasdecke präsentierte sich die farbige Welt Ägyptens in Wandgemälden, Säulen mit Lotuskapitellen und anderen Architekturfragmenten. Im Wesentlichen war die ursprüngliche Ausstellung vom Nachbau des Ramsesheiligtums in Theben geprägt, einem polychrom gefassten Säulenhof mit Pharaonen- und Götterstatuen.

Vom Ägyptischen Hof gelangte man wahlweise in den Historischen oder den Mythologischen Saal oder in das Hypostyl, einen Raum, der dem Säulensaal eines ägyptischen Tempels nachempfunden und dessen blaue Decke mit goldenen Sternen geschmückt war. Vom Hypostyl aus erreichte der Besucher den Gräbersaal, in dem drei ägyptische Grabkammern zu besichtigen waren. Im Mythologischen und im Historischen Saal wurden Kopien nach ägyptischen Vorbildern, Alltagsgegenstände, Schmuck, Grabbeigaben sowie Sarkophage und einbalsamierte Tiere gezeigt. Die Galerie oberhalb des Säulenumgangs zeigte Kopien ägyptischer, persischer und assyrischer Kunstwerke. Mit Blick auf die Wandgemälde konnte sich der Besucher am Nil wähnen, die Felsentempel von Abu Simbel bestaunen und ganz ohne Ägyptenreise die Tempel von Karnak und Edfu, die Pyramiden von Meroe, die Insel Philae und den Berg Barkal kennenlernen. Die Büste der Königin Nofretete gehörte allerdings nicht zur Erstausstattung des Neuen Museums. Sie wurde erst im Dezember 1912 bei Ausgrabungen der Deutschen Orient-Gesellschaft in Tell el-Amarna gefunden und befand sich zunächst im Besitz des Berliner Unternehmers und Kunstmäzens James Simon, der sie 1920 dem Ägyptischen Museum schenkte.

Ebenfalls im Sockelgeschoss befand sich das »Museum der vaterländischen Altertümer« (oder die »Nordische Abteilung«), deren Zentrum der von Wandgemälden geschmückte »Vaterländische Saal« bildete. Die

zwischen 1850 und 1852 entstandenen Wandbilder hatten Szenen aus den germanischen Sagen der »Edda« zum Gegenstand und sollten die Besucher in eine dem antiken Götterhimmel gegenüberstehende nordische Götterwelt einführen. An der Nordwand des Saales sah man »Walhall«, in der nordischen Mythologie die Ruhestätte der in der Schlacht gefallenen Helden – auf der Darstellung tafelten die Helden gemeinsam mit den Göttern. Neben dem Göttervater Odin, dem germanischen Gott Thor (oder Donar), der Göttin Holda, den Walküren und anderen mythologischen Gestalten zeigten die Bilder auch germanische Sujets. Am Eingang des Vaterländischen Saals gab es zwei Landschaftsbilder von Konrad Bellermann mit Szenen von der Insel Rügen – einen Opferstein bei Stubbenkammer und ein Hünengrab bei Arkona.

Neben der Ägyptischen und der Nordischen Abteilung gab es im Sockelgeschoss noch die »Ethnographi-

sche Abteilung«, in der man die Kunst der »vollkommen barbarischen Völker, wie sie Africa und Oceanien bietet«, sowie »schon bedeutsamere Gegenstände, wie sie Polynesien und Indien liefern«, sehen konnte – wie es in einer zeitgenössischen, von eurozentrischer Überheblichkeit geprägten Formulierung aus der »Zeitschrift für Bauwesen« von 1853 heißt. Ausstellungsräume für diese Exponate waren der Flachkuppelsaal und der Saal für kleinere Gegenstände. In den Hauptsaal, den Ethnographischen Saal, kamen »Sachen aus China, Japan und Mexico«, bei denen sich »theils ein ganz besonderer Kunstfleiß bei der Behandlung des Materials ausspricht, theils auch schon die Andeutung einer geistvolleren Auffassung erscheint«. 1873 wurde in Berlin ein eigenständiges Völkerkundemuseum gegründet, das 1886 ein Gebäude an der Königgrätzer Straße (heute Stresemannstraße) bezog und in das dann die Ethnographische Sammlung, der Sammlung der Vaterländischen

Altertümer und Teile der Königlichen Kunstkammer umzogen. Dieses Völkerkundemuseum wurde im Zweiten Weltkrieg zerstört, heute befinden sich das Ethnologische Museum und das Museum für Asiatische Kunst in Berlin-Dahlem, ein Umzug zurück in die Mitte der Stadt wird angestrebt.

Im Hauptgeschoss des Neuen Museums war die umfangreiche Sammlung der Gipsabgüsse nach griechischen, römischen und mittelalterlichen Originalen untergebracht. Im Nordwestflügel lagen der Griechische Saal und ihm gegenüber, getrennt durch den Ägyptischen Hof, der Niobidensaal. Im Südwestflügel befanden sich der Moderne und der Römische Saal. Der Griechische Saal war einst bestückt mit Gipsabgüssen der Giebelfront des Aphaia-Tempels in Aegina, deren Original sich in der Münchner Glyptothek befand, und mit einer Kopie des Parthenonfrieses, deren Vorlage im British Museum gezeigt wurde. Die Wände des Griechi-

Römische Bildwerke im südlichen Kuppelsaal, Lithographie nach Stülers Entwurf, 1862

Rechte Seite:
Oben: Der Kolonnaden-hof mit Blick auf das Alte Museum, 1915
Mitte: Der Übergang zwischen Altem und Neuem Museum, 1900
Unten: Innenansicht des Übergangs, 1862

zur römischen Kunst ausgestellt. Der Blickfang dieses Saals war das von zwei Karyatiden, also tragenden Frauengestalten, gerahmte Eingangsportal; es handelte sich um Abgüsse von Originalen aus der Villa Albani in Rom, späte Nachfahren der Karyatiden aus dem Erechtheion in Athen. Über der Tür kann man noch heute in goldener Schrift ein Zitat aus dem Stück »Der gefesselte Prometheus« von Aischylos lesen: »ES SCHUF PROMETHEUS JEDE KUNST DEN STERBLICHEN«. Auf dem gegenüberliegenden Portal ist aus der »Antigone« des Sophokles zitiert: »STAUNLICHES WALTET VIEL UND DOCH NICHT ERSTAUNLICHRES ALS DER MENSCH«.

In seiner Gestaltung ähnelte der Niobidensaal stark dem Griechischen Saal, die Farben Rot, Gelb und Gold dominierten. Seinen Namen hat er übrigens von den hier ursprünglich ausgestellten Gipsabgüssen einer Statuengruppe, die die thebanische Königin Niobe und ihre Kinder zeigte; der Sage nach hatten die Götter zur Strafe für Niobes Überheblichkeit ihre sieben Söhne und sieben Töchter getötet, woraufhin sie selbst vor Trauer zu Stein erstarrte. Neben dem Karyatidenportal prägten die mit vergoldeten Zinkgussteilen verzierten Bogensehnenträger den Saal. 21 Wandgemälde von zeitgenössischen Künstlern zeigten Szenen aus antiken Sagen, von »Orpheus in der Unterwelt« und »Prometheus am Felsen«, beides Bilder von Wilhelm Peters nach einem Entwurf von Bonaventura Genelli, bis hin zur »Rettung des Odysseus durch den Schleier der Leukothea« von Adolf Henning.

Nordkuppelsaal und Südkuppelsaal, beide über Oberlichter beleuchtet, rahmten das Gebäude an seiner nordöstlichen Seite. Im Nordkuppelsaal – in dem heute die Büste der Königin Nofretete steht – bestanden die Wände aus grünem Porphyr. In wechselnd runden oder eckigen Wandnischen waren Statuen aufgestellt, über denen der Besucher die Taten griechischer Helden auf Bildern bewundern konnte. Direkt an den Südkuppelsaal, der sich am anderen Ende des Gebäudes befand, schloss sich der aufwendig dekorierte Übergang zum

schen Saals waren teilweise in »pompejanischem« Rot bemalt, ihren oberen Bereich nahmen Veduten ein, die Stülers Rekonstruktionen antiker Architekturen aus Griechenland, Sizilien und Kleinasien zeigten. Auf diesen Landschaftsbildern dargestellt waren unter anderem: »Das Theater von Syrakus«, »Athen mit der Akropolis«, »Die Zeusstatue des Phidias im Tempel zu Olympia«, »Der heilige Hain zu Olympia« oder »Das Denkmal des Lysikrates in Athen«. Die idealen klassischen Landschaften standen in bewusstem Gegensatz zu den als Exponat gezeigten Tempelfragmenten und bruchstückhaft erhaltenen Skulpturen.

Im gegenüberliegenden Niobidensaal waren Abgüsse aus der Phase des Übergangs von der griechischen

Alten Museum an. Unmittelbar daneben waren in einem von neun Flachkuppeln überdeckten Saal Kunstwerke des Mittelalters ausgestellt. Stüler hatte für diesen Saal den Grundriss einer dreischiffigen Kirche mit Apsis gewählt. Vier dunkle Marmorsäulen trugen die Decke, die halbrunde Apsis ragte in den Luftraum des Griechischen Hofes hinein. Stüler erläuterte 1862 sein Konzept für den Mittelalterlichen Saal: »In jeder der neun Kuppeln befindet sich das Bildnis eines der deutschen Kaiser, unter welchem die Ausübung der Künste blühte, umgeben von den Darstellungen derjenigen Personen und der Namen der Städte, welche die Geschichte und die uns überkommenen Denkmale als nach dieser Richtung besonders thätig bezeichnen.«

Gegenüber dem Mittelalterlichen Saal, aber genau am anderen Ende des Gebäudes, befand sich der Apollosaal. Der rechteckige Raum diente einst der Aufstellung berühmter Statuen, unter anderem einer Kopie des Apollo von Belvedere. Die antike Marmorskulptur aus der Zeit von 350 bis 325 v. Chr. war am Ende des 15. Jahrhunderts in Terracina wiederentdeckt worden und galt vom 17. bis zum frühen 19. Jahrhundert als die schönste erhaltene Einzelfigur der Antike. Kopien dieser Statue waren wichtige Studienobjekte im akademischen Kunstbetrieb. Das Original des Apollo befindet sich in den Vatikanischen Museen im Rom. Die überaus dekorative Deckenmalerei des Apollosaals war einer Tonnendecke der Bäder von Pompeji nachgestaltet.

Auf die Kunstwerke des Mittelalters folgte in chronologischer Reihenfolge der Moderne Saal, der dem Zeitraum von der Renaissance bis zum Anfang des 19. Jahrhunderts gewidmet war. Zu den wichtigsten Ausstellungsstücken gehörte hier ein Abguss der Paradiespforte des Baptisteriums San Giovanni in Florenz, dessen Original Lorenzo Ghiberti geschaffen hatte. Gegenüber dem Modernen Saal, auf der anderen Gebäudeseite, lag der Römische Saal mit römischen Gipsabgüssen. Das entsprechende Ambiente lieferten 17 Wandgemälden von Eduard Pape, die unter anderem das Forum Romanum, den Circus Maximus mit den Römischen

Kaiserpalästen, die Thermen des Caracalla, den Konstantinsbogen, das Forum in Pompeji, die Tiberinsel in Rom und die Porta Nigra in Trier darstellten.

Das zweite Obergeschoss, das niedriger war als die beiden anderen Geschosse und an Stelle steinerner Fußböden mit anderen Materialien, wie zum Beispiel Eichenparkett, ausgestattet war, teilten sich das Kupferstichkabinett und die »Königliche Kunstkammer« aus dem Berliner Stadtschloss. Die Ausstellungsräume des Kupferstichkabinetts, die mit Namen wie Roter Saal, Blauer Saal oder Grüner Saal (Saal der Handzeichnungen) benannt waren, ordneten sich rund um den Luftraum des Ägyptischen Hofs. Zur Zeit ihrer Eröffnung befanden sich etwa eine halbe Million Blätter berühmter Meister in der Kupferstichsammlung. Stüler selbst beschrieb 1862 das Konzept: »In allen diesen Räumen sind die Wände und Glas-Schränke zur Ausstellung des Bedeutendern der Sammlung benutzt, so dass namentlich

die Geschichte der Kupferstecher- und Holzschneidekunst selbst dem flüchtigen Besucher in den besten Erzeugnissen vorgeführt wird und zum weitern Verfolg und Genuss, welcher in der sehr reichen Sammlung die vollkommenste Befriedigung findet, auffordern. Bilder, die mehr in das Gebiet der Handzeichnungen gehören, schmücken die Wände, kleinere sind auf beweglichen Schirmwänden angeordnet.«

Die »Königliche Kunstkammer« war eine Sammlung von Architekturmodellen, Ton- und Glasgefäßen, sakralen Gegenständen, Möbeln und Kunstwerken des Mittelalters und der Neuzeit. Ihre Räume – die beiden Kunstkammersäle, der Majolikasaal und der Sternensaal (Gotischer Saal) – gruppierten sich um den Luftraum des Griechischen Hofes. Das Gewölbe über dem Sternensaal, einem vieleckigen Raum zur Ausstellung kirchlicher Gerätschaften, war eine der vielen Eisenkonstruktionen im Gebäude, denn einem echten Gewöl-

beschub hätten die leichten Wände im dritten Geschoss wohl kaum standgehalten.

Die Große Treppenhalle des Neuen Museums war das zentrale, alles miteinander verbindende Element. Obwohl der Verlauf der Treppe zwischen zwei Querwänden, die den Bau stabilisieren und teilen, eher streng und beinahe modern wirkt, war das Treppenhaus mit seiner Dekoration ein Produkt des 19. Jahrhunderts. Repräsentative Treppenhäuser waren damals für große öffentliche Bauten wie Justizpaläste, Opernhäuser oder Museen geradezu obligatorisch. Über die monumentale Treppe sollte das Museum nicht nur funktional erschlossen werden, sondern auch inhaltlich. Die Gestaltung der Treppenhalle oblag im Wesentlichen Wilhelm von Kaulbach, einem damals bekannten Hofmaler aus München, der eigens für diesen Auftrag nach Berlin kam. Die Fresken entstanden in den Jahren 1847 bis 1866. Großen Einfluss auf die Bilder nahmen neben Kö-

nig Friedrich Wilhelm IV. auch Museumsdirektor Olfers, der Naturforscher Alexander von Humboldt und der Philosoph Friedrich Wilhelm Joseph von Schelling. Das Ergebnis waren Darstellungen mit stark programmatischem Charakter: So konnte der Weg über die Treppe als Aufstieg durch die Kulturgeschichte der Menschheit gesehen werden, ganz im Sinne der Hegelschen Idee von der stetigen Höherentwicklung des Menschen. Eine Idealvorstellung war schließlich die griechische Antike, Symbol dafür die Nachbildung der Korenhalle des Erechtheions auf der Athener Akropolis, auf die der Besucher beim Hinaufgehen zustrebte. Ganz als Vereinigung von Antike und Christentum zeigte sich die offene Konstruktion des Dachstuhles. Aus der antiken griechischen Tradition kommend, war er in späterer Zeit bei frühchristlichen Basiliken übernommen worden und konnte somit »den Schritt vom heidnischen Athen ins christliche Ravenna« (Adrian von Buttlar) symboli-

Das Kupferstichkabinett im Nordflügel umfasste auch eine Sammlung von Handzeichnungen berühmter Meister, 1912

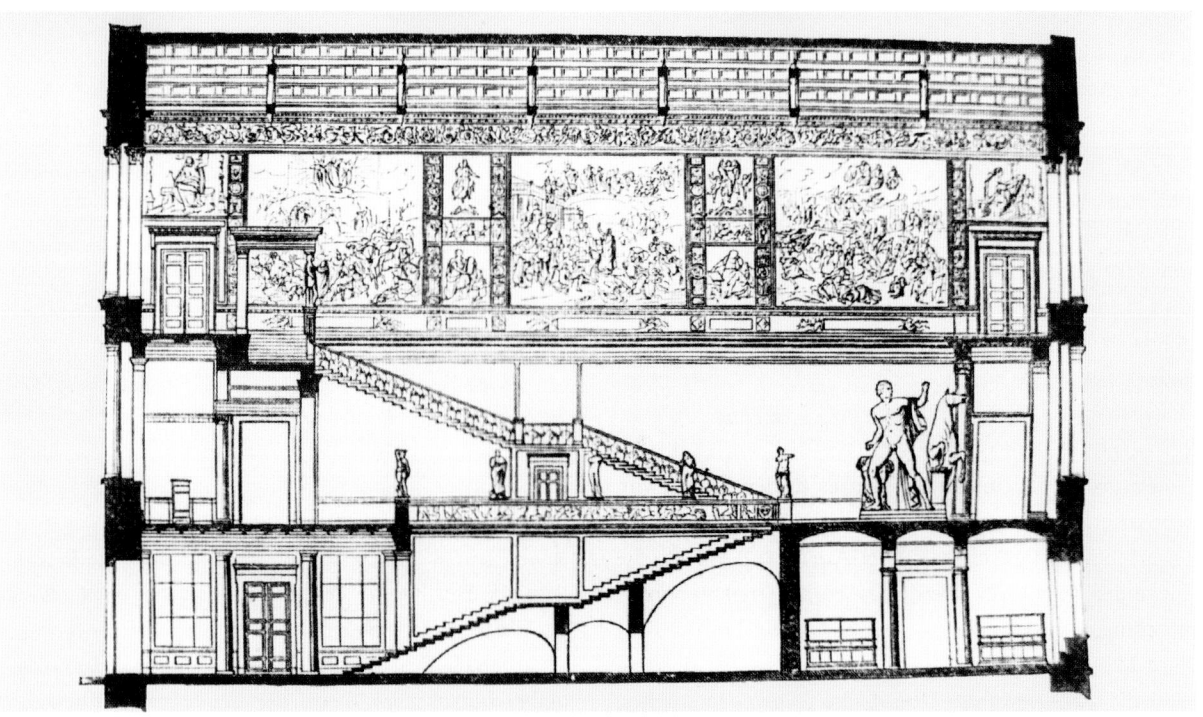

Als Zentrum des
Museums angelegt:
Entwurf des Treppen-
hauses, 1862 (oben),
Längsschnitt des Trep-
penhauses, Zeichnung
von Stüler, 1862 (unten)

sieren. In Analogie zu den sechs Schöpfungstagen stellte Kaulbach sechs Wendepunkte der Weltgeschichte dar – welche es sein sollten, wurde zwischen König und Künstler verhandelt. Das Ergebnis war ein etwa 75 Meter langer Freskenzyklus mit den Themen »Der Babylonische Turm«, »Homer und die Griechen oder die Blüte Griechenlands«, »Die Zerstörung von Jerusalem«, »Die Hunnenschlacht«, »Die Kreuzfahrer vor Jerusalem« und »Das Zeitalter der Reformation«. Jedes Bild war etwa 6,70 Meter hoch und 7,50 Meter breit und wurde direkt auf das Mauerwerk aufgebracht. Diese Technik, die so genannte Stereometrie, war erst 1846 in München erfunden worden. Die Farbe verband sich dabei untrennbar mit der Wand, durch Aufspritzen von Wasserglas wurden die Bilder steinhart und relativ unempfindlich gegenüber äußeren Einflüssen. So waren auch die Fresken ein Beispiel für die Modernität der im Neuen Museum eingesetzten Materialien und Techniken. In seiner interpretierenden Dekoration, seiner Philosophie einer permanenten »Aufwärtsentwicklung« und seiner Lehrhaftigkeit blieb das Neue Museum jedoch ein Kind der Kunstauffassung des Historismus.

Bis zum ersten Drittel des 20. Jahrhunderts blieb die museale Präsentation im Neuen Museum weitgehend unverändert. Allerdings wurde der Bau von 1883 bis 1887 um ein zusätzliches, nach außen hin nicht sichtbares Mezzaningeschoss erhöht. Raumknappheit war wieder ein Thema. Die Sammlung der Gipsabgüsse, die nach und nach zu einer der umfangreichsten und umfassendsten weltweit geworden war, wurde 1916 mit Ausnahme der Kolossalstatuen an die Berliner Universität übergeben und später im Zweiten Weltkrieg größtenteils zerstört.

Zu größeren Umbauten kam es in den Jahren von 1919 bis 1923, als es darum ging, die Funde aus den Grabungen im ägyptischen Tell el-Amarna, darunter die Büste der Königin Nofretete, angemessen präsentieren zu können. 1924 wurde sie zum ersten Mal auf der Berliner Museumsinsel gezeigt. Zu den Umbauten gehörte auch die schon erwähnte Überdachung des Griechischen

Hofes. 1929 wurde schließlich ein Übergang zum neu errichteten Pergamonmuseum geschaffen.

1939 wurde das Neue Museum kriegsbedingt geschlossen, eine Vielzahl von Ausstellungsgegenständen ausgelagert und gesichert. Im November 1943 brannte das zentrale Treppenhaus mit den Kaulbach-Fresken aus, im Februar 1945 zerstörten Bomben den Nordwestflügel, und Ende April 1945 kam es zu weiteren Zerstörungen. Der Zweite Weltkrieg hinterließ das Gebäude als Ruine.

Auch die Büste der Nofretete wurde ausgelagert und dabei zunächst im Tresor der Reichsbank aufbewahrt,

bevor man sie 1941 in den Flakbunker am Berliner Zoo brachte. Kurz vor Kriegsende wurden zahlreiche Kunst- und Kulturgüter aus dem Bunker in ein Salzbergwerk im thüringischen Merkers transportiert, von wo aus man sie noch im April 1945 in die Reichsbank nach Frankfurt/Main auslagerte. Schließlich kam die Büste der Nofretete zusammen mit vielen anderen Sammlungsstücken nach Wiesbaden, zum so genannten Central Collecting Point der US-Amerikaner. Von 1946 bis 1956 blieb sie in Wiesbaden, danach kehrte sie zurück nach Berlin – zuerst in die Gemäldegalerie in Dahlem, ab 1967 ins Ägyptische Museum in Charlottenburg. Im August 2005 konnte die ägyptische Königin endlich wieder auf der Museumsinsel gezeigt werden, allerdings zunächst und vorübergehend im Alten Museum. Mit der Wiedereröffnung des Neuen Museums im Jahre 2009 zog auch die Büste der Nofretete an ihren angestammten Platz zurück.

Die große Unbekannte und ihr Erwachen

Die Ruine des Neuen Museums war lange die große Unbekannte auf der Museumsinsel. Geheimnisvoll, weil sich das Museum erst in seinem Inneren vollständig offenbart, und besonders kostbar, weil hier viele historische Befunde erhalten geblieben waren, ohne durch Sanierungen und Wiederherstellungen verändert worden zu sein. Nach dem Zweiten Weltkrieg blieb das zerstörte Gebäude lange Jahre fast ungesichert, nur durch einen Bauzaun vor unerwünschtem Besuch geschützt. Allmählich hatte die Natur Besitz ergriffen, Birken wuchsen auf dem Dach, Gräser auf den Gesimsen. Die antikisierenden Details wurden ihren Vorbildern in den Ausgrabungsstätten immer ähnlicher: kopflose Statuen oder zumindest abgebrochene Nasen. Der sandsteinfarbene Putz bröckelte, der kostengünstige Backstein darunter wurde mehr und mehr sichtbar. Katastrophal wirkten sich Kriegsschäden und unterlassene Sicherungsmaßnahmen auf die aufwendige Innenausstattung aus. Beim einst so prächtigen Treppenhaus war nur noch der Totalverlust festzustellen, Kaulbachs Fresken zur Geschichte der Menschheit – unwiederbringlich verloren. Auch der Nordwestflügel war völlig zerstört, mit ihm der Historische, der Griechische, der Blaue Saal und ebenso der Apollosaal sowie der einst darüber befindliche Grüne Saal. Verloren auch der Ägyptische Hof und, am anderen Ende des Gebäudes, der Südkuppelsaal mit dem Übergang zum Alten Museum. Der Erhaltungszustand anderer Räumlichkeiten war sehr unterschiedlich. Es gab weitgehend erhaltene Säle, wie den Niobidensaal, teilzerstörte Bereiche wie den Vaterländischen und den Römischen Saal und bis auf ihren Rohbauzustand ausgemagerte Räume wie den Modernen Saal.

1986 erfolgte eine erste Notsicherung des Bauwerks. Weil man Setzungen im Gebäude von bis zu 40 Zentimetern gemessen hatte, mussten ab 1989 die Fundamente verstärkt werden. Das war ein aufwendiges Unterfangen, denn der sumpfige Baugrund war ja schon zu Stülers Zeiten eine Herausforderung gewesen. Aufgrund von Grundwasserabsenkungen durch spätere Bauvorhaben war die Situation noch schwieriger geworden, auch hatten Schädlinge die hölzerne Pfahlgründung befallen. Bis 1994 brachte man daher über 2500 neue Pfähle in den Boden ein, nicht aus Holz, sondern aus Stahlrohren, die mit Beton gefüllt und ummantelt wurden. 1993 gab es einen Architekturwettbewerb zur Wiederherstellung des Museums, aus dem nach langen Diskussionen schließlich die englischen Architekten David Chipperfield und Julian Harrap als Sieger hervorgingen. In ihrem Entwurf ging es vor allem darum, »einen Teil der Schönheit, die das Neue Museum im gegenwärtigen ruinenhaften Zustand ausstrahlt, zu bewahren und gleichzeitig dem Bauwerk wieder Sinn und Ordnung zu verleihen und es zu einem funktionierenden Museum zu machen«. Zunächst wurden weitere Sicherungsmaßnahmen durchgeführt und Planungsgrundlagen erarbeitet, Räume kartiert und analysiert, wichtige

Baudetails wie der Schievelbein-Fries im Griechischen Hof oder die Skulpturen unter den Giebeln des Mittelrisalits restauriert. Doch die Architekten mussten sich auch mit grundsätzlichen Fragen nach dem richtigen Umgang mit dem historischen Bestand beschäftigen: Sollte man vielleicht den ruinösen Zustand des Haupttreppenhauses in gewissem Umfang beibehalten? Oder die Kaulbach-Fresken in schwarz-weiß, nach historischen Aufnahmen wiederherstellen? Letztendlich wurden solche Gedanken verworfen, das Treppenhaus heute ist monumental und würdevoll, aber purifiziert. Der einst so prächtige Dachstuhl wurde durch eine schlichte Konstruktion ersetzt, die Karyatiden nicht wiederhergestellt.

Chipperfields denkmalpflegerische Grundprinzipien gehen auf mehrere Quellen zurück: Zum einen auf den englischen Maler und Kunsthistoriker John Ruskin, den Vater der modernen Denkmalpflege, dessen Schriften

Ägyptischer Hof mit Sandsäcken als Präventivmaßnahme gegen Kriegsschäden, 1942

Aufräumarbeiten im Ägyptischen Hof: Arbeiter und freiwillige Helfer mit der Kolossalbüste der Hatschepsut (oben), mit Mumienresten (unten links) und mit der Kolossalstatue des Sesostris II. (unten rechts), Aufnahmen von 1950/1952

Ruine des Treppenhauses, 1985 (oben links),
Reste des Ägyptischen Hofs, im Hintergrund der eingerüstete Berliner Dom, 1979 (oben rechts),
Entwurf der TU Dresden für einen Neubau, 1965 (unten)

sich besonders auf die Methoden der Konservierung ausgewirkt hatten; zum anderen auf die deutsche Nachkriegstradition hinsichtlich des Umgangs mit zerstörten Gebäuden. Bestes Beispiel für letzteres ist die Wiederherstellung der Alten Pinakothek in München durch Hans Döllgast, bei der die »Wunden« des Gebäudes sichtbar gemacht und die Kriegszerstörungen in ästhetisch veredelter Form gezeigt wurden. Sowohl Döllgast als auch Chipperfield und seine Mitarbeiter setzten neue gestalterische Akzente. Unter Berücksichtigung denkmalpflegerischer Auflagen gab Chipperfield dem Bau wieder Authentizität und Glanz. An vielen Stellen wurden Konzessionen an die Ästhetik des Baus in seinem überkommenen ruinösen Bestand gemacht, das heißt, die noch erhaltenen historischen Dekorationen wurden weitestgehend konserviert und nicht restauriert oder nachgestaltet. Fehlende Gebäudeteile wurden in

den alten Proportionen ergänzt. Auch der schadhafte Putz am Außenbau, der die Ziegelkonstruktion freigibt, blieb teilweise als Flickenteppich erhalten und steht im Kontrast zum neu gebauten Flügel im Nordwesten. In den Hof vor der Nationalgalerie und bis ans Spreeufer sind die Stülerschen Kolonnaden zurückgekehrt. Chipperfield hat auf diese Weise das Museum behutsam rekonstruiert und die große Unbekannte aus ihrem Schlaf erweckt. Die dekorativen Formen und Dekorationen Stülers wurden von Chipperfield durch zeitgenössisch strenge Architektur ergänzt. Die wegweisenden Konstruktionen Stülers, die man vielleicht heute erst so richtig zu schätzen weiß, sind an einigen Stellen, vor allem in den Obergeschossen, sichtbar geworden. Trotz Kriegszerstörung und der langen Zeit als unzugängliche Ruine, nimmt das Neue Museum heute den Besucher mit auf eine spannende Zeitreise in das 19. Jahrhundert.

Sichtbare architektonische »Wunden« und strenge zeitgenössische Architektur: Das zentrale Treppenhaus, 2010

DIE ALTE NATIONALGALERIE

Die »Preußische Walhalla«

Der griechische Tempel prägt bis heute die Vorstellung von klassischer und harmonischer Architektur in ihrer Vollendung. Seine Formen und auch deren Weiterentwicklung im römischen Podiumstempel für die Gestaltung sehr unterschiedlicher und dabei nicht unbedingt sakraler Bauten anzuwenden, gehörte zum Repertoire der Architektur des Klassizismus im ausgehenden 18. Jahrhundert. Die Rückkehr zu klassisch-antiken Formen ist als Gegenentwurf zur Kunst des Barock zu sehen, mit der man feudale Strukturen und den Absolutismus assoziierte. In Zusammenhang mit dieser Entwicklung entstand auch die Idee eines Tempelbaus für Deutschland, wie er sich im Entwurf für ein Denkmal für Friedrich den Großen manifestierte, den der preußische Architekt Friedrich Gilly im Jahre 1796 in einem Aquarell festgehalten hatte. Der Tempel Gillys, der bereits den jungen Schinkel beeindruckt hatte, steht auf einem riesigen Sockel, höher noch als die das Denkmal umgebenden Obelisken, ja sogar höher als der Triumphbogen, durch den man in das Denkmalareal eintreten sollte. Während dieser Entwurf unrealisiert blieb, wurde von 1831 bis 1842 ein anderer deutscher Tempel gebaut, Leo von Klenzes »Walhalla« in Donaustauf bei Regensburg. Die »Walhalla« entstand als »vaterländisches Monument« auf Wunsch des bayerischen Königs Ludwigs I., der ganz dem Zeitgeist des Klassizismus und Neuhumanismus verpflichtet und ein großer Verehrer des antiken Griechenlands war.

Auch für die Berliner Museumsinsel waren zu dieser Zeit diverse antikisierende Bauwerke geplant. Auf den

Plänen und Skizzen von Friedrich Wilhelm IV., in den Entwürfen von Friedrich August Stüler, überall waren große Tempelbauten und Kolonnaden zu sehen. Was lag näher, als Bauten, die der Wissenschaft oder der Kunst oder deren Förderern gewidmet waren, in den Formen der Antike zu gestalten? Dabei ging es nach dem Willen des Königs zunächst keineswegs um eine Nationalgalerie, sondern um ein Festhaus der Universität mit Hörsälen im Sockel und einer großen Aula im Hauptgeschoss. Die Idee, die Museumsinsel um eine Nationalgalerie zu erweitern, wie sie dann 1866 bis 1876 tatsächlich gebaut wurde, kam erst einige Jahre später auf. Der Wunsch nach einer solchen Galerie war im Anschluss an die bür-

Ein Tempelbau für »Spree-Athen«: Die Nationalgalerie, Eingangsbereich mit Treppe und Reiterdenkmal, Postkarte von 1920

Linke Seite: Kuppelhalle, 2011

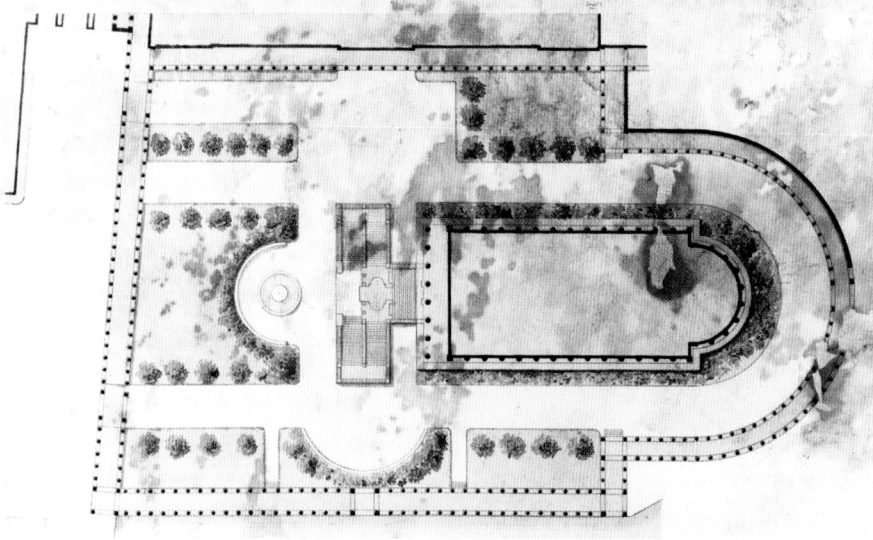

gerliche Revolution von 1848 zunächst vor allem durch die Künstler selbst laut geworden. Rund fünfzig Jahre früher und im noch größeren Maßstab hatte die Französische Revolution in Paris Ähnliches bewirkt: Die Schaffung eines französischen Nationalmuseums im Palais du Louvre, das 1793 eröffnet werden konnte. Vielfach ist die Museumsinsel ja auch als »Berliner Louvre« bezeichnet worden, doch ihre Entstehungsgeschichte ist eine grundlegend andere. Beim Louvre handelte es sich um ein königliches Schloss, um Wehr- und Wohnarchitektur, die schließlich zu einem Museum umgewidmet wurde. Die Bauten der Museumsinsel haben dagegen niemals zu anderen Zwecken als denen der Ausstellung von Kunstobjekten gedient. Die Nationalgalerie war ein Ergebnis der nationalen Einigungsbewegung: Ungeachtet der deutschen Kleinstaaterei sollte es endlich ein gemeinsames Museum für zeitgenössische deutsche Kunst geben. Doch die Gleichzeitigkeit von bürgerlichem Bildungsanspruch und königlichem Besitz blieb, wie schon beim Alten und beim Neuen Museum, so auch bei der Nationalgalerie bestehen, zumindest bis 1909, als die Nationalgalerie aus dem Verbund der Königlichen Museen herausgelöst wurde.

Den konkreten Anlass für den Bau einer deutschen Nationalgalerie gab der Berliner Bankier und Konsul Johann Heinrich Wilhelm Wagener. Er verfügte in seinem Testament, dass seine umfangreiche Gemäldesammlung von 262 Gemälden an den preußischen König Wilhelm I. übergehen sollte. Bedingung war, dass jener sie in einer »Nationalen Galerie« der Öffentlichkeit zeigte. Wilhelm, der spätere deutsche Kaiser, erklärte nach dem Tod Wageners im Jahr 1861 die Annahme der Stiftung und präsentierte die Bilder zunächst in der Akademie der Künste in der Straße Unter den Linden. Da diese Räumlichkeiten nur ein Provisorium darstellen konnten, wurde Friedrich August Stüler beauftragt, seine früheren Entwürfe für die Museumsinsel umzuarbeiten. Der zunächst als Universitätsgebäude geplante Tempelbau sollte nun zur Nationalgalerie werden. Im Inneren nahm Stüler diverse Umplanungen für die museale Nut

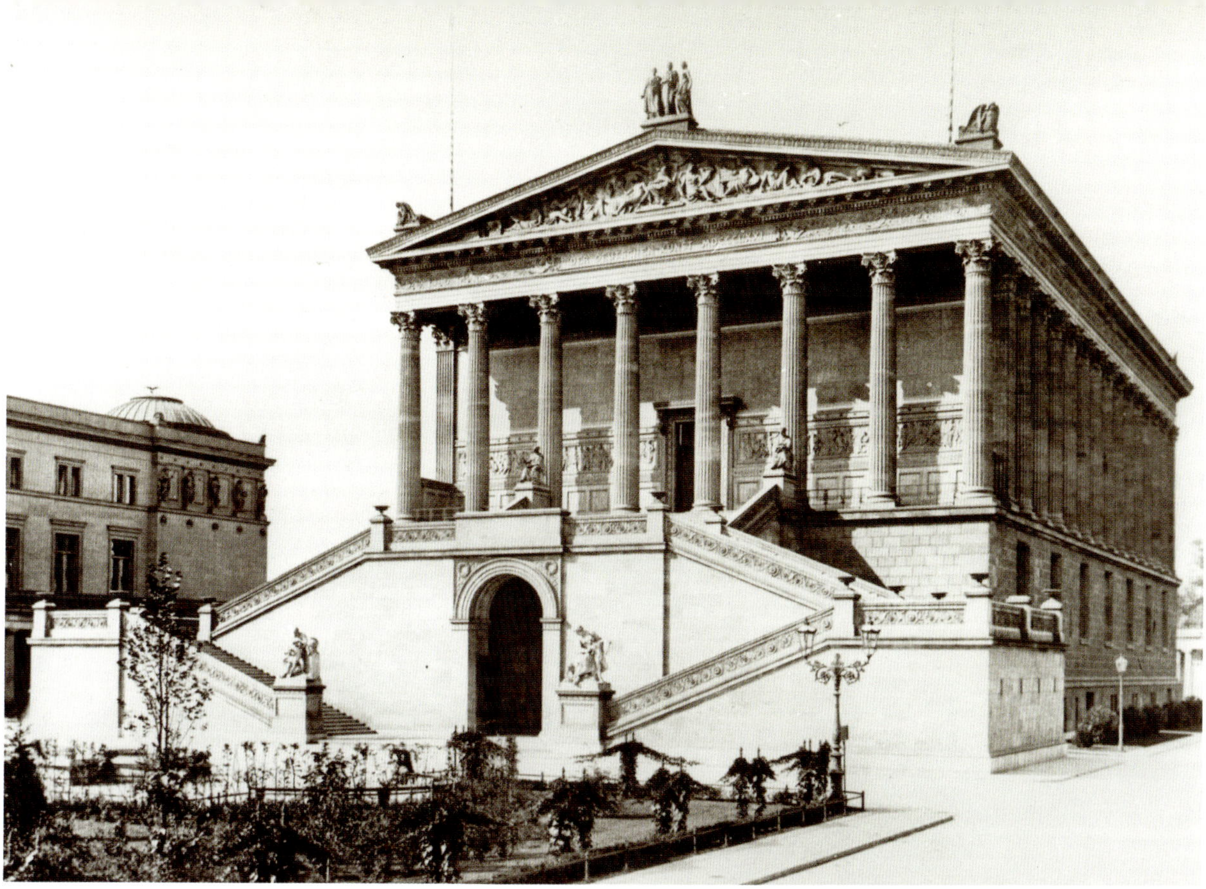

Der Eingangsbereich von Südosten, Aufnahme von 1881

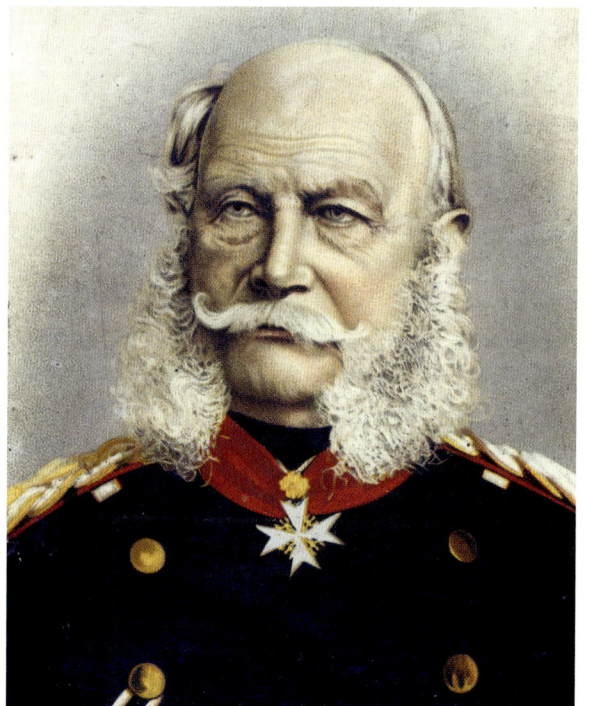

König Wilhelm I. (1797–1888)

zung vor. Die Belichtung erwies sich als schwierig und überhaupt schien die Tempelform nicht wirklich geeignet für die Präsentation von Gemälden. Stüler war drei Jahre lang, von 1862 bis zu seinem Tod im Jahr 1865 mit Umplanungen des Hauses beschäftigt. Im Obergeschoss blieben seine Entwürfe unvollendet, der Architekt Johann Heinrich Strack übernahm 1866 seine Nachfolge und führte den Bau zur Vollendung. Vor allem die Innenausstattungen gehen auf ihn zurück.

Strack hatte von 1824 bis 1838 an der Berliner Bauakademie und der Akademie der Künste studiert und war – wie Stüler – ein Schüler Schinkels. Unter Leitung von Stüler war es seine Aufgabe, von 1827 bis 1832 den Umbau des Palais des Prinzen Karl vorzunehmen. Strack, der manchmal auch als »Zwillingsbruder« Stülers bezeichnet wird, war eng mit diesem befreundet. Und so, wie einst Stüler den Titel »Architekt des Königs« von Friedrich Wilhelm IV. erhalten hatte, wurde

Linke Seite: Inspirationen für die Nationalgalerie: Entwurf für das Denkmal Friedrichs II. von Friedrich Gilly, 1797 (oben), die Walhalla bei Regensburg von Leo von Klenze, 1830 (Mitte), Lageplan zum Bau der Königlichen Nationalgalerie von Friedrich August Stüler, 1878 (unten)

Endgültig vollendet war es jedoch erst zehn Jahre später. Somit ist die Datierung am Fries des Architravs MDCCCLXXI (1871) irreführend. Nicht die Vollendung des Bauwerkes wurde hier verewigt, sondern, ganz programmatisch, das Jahr der deutschen Reichsgründung.

Von der deutschen Nationalgalerie zum internationalen Museum

Erster Direktor der Nationalgalerie war in der Zeit von 1874 bis 1895 Max Jordan, ein deutscher Kunsthistoriker, der vor allem durch seine Arbeiten über Leonardo da Vinci bekannt geworden war. Jordan setzte sich sehr für Meister der neueren deutschen Kunst ein und versuchte diese vor allem durch den Ankauf ihrer Werke zu unterstützen. Über Geldmangel konnte sich die Nationalgalerie in jener Zeit nicht beklagen, denn es gab großzügige Zuwendungen seitens des Königshauses. Diese waren allerdings auch notwendig, denn zum Zeitpunkt ihrer Eröffnung war die Galerie nur mit relativ wenigen Werken ausgestattet, den Gemälden aus der Schenkung des Konsuls Wagener und großformatigen Kartons, also Vorlagen für Fresken, aus dem Nachlass des Malers Peter von Cornelius.

Strack im Jahre 1876 durch Kaiser Wilhelm I. zum »Architekten des Kaisers« ernannt.

Im Laufe ihrer Geschichte musste die Nationalgalerie aufgrund ihrer zunächst so anders vorgesehenen Nutzung immer wieder umgebaut werden. Im Vergleich zu der 1836 eröffneten Alten Pinakothek Leo von Klenzes in München, bei der sich ein rationaler Grundriss mit einem sehr zweckmäßigen Beleuchtungskonzept verband, wirkte die Nationalgalerie von Anfang an sehr antiquiert. Im Gegensatz zu den beiden ersten Bauten auf der Museumsinsel erwies sich diesmal immerhin der Baugrund als überraschend tragfähig. Im Jahr 1867, 12 Jahre nach Eröffnung des Neuen Museums, wurde der Grundstein gelegt. Auch die Bauleitung oblag Strack. Bereits sein Vorgänger Stüler hatte den Bau, entgegen der ursprünglichen Planung, um 40 Meter weiter in Richtung Spree verschoben und ihn damit genau in die Sichtachse zwischen Berliner Dom und Altem Museum gerückt. 1870/71 kamen die Bauarbeiten aufgrund des deutsch-französischen Krieges weitgehend zum Erliegen. Französische Reparationszahlungen ermöglichten aber dann einen umso rascheren Baufortschritt, sodass das Gebäude am 22. März 1876 eröffnet werden konnte.

Damit gab es für Museumsdirektoren, die ein Interesse an zeitgenössischer moderner Kunst hatten, ein weites unbearbeitetes Feld. Der dem Museum zustehende Etat verzehnfachte sich innerhalb kurzer Zeit. Der »Protektor« des Hauses, Kronprinz Friedrich Wilhelm (der spätere 99-Tage-Kaiser-Friedrich III.), erwies sich als großzügig – wenn auch mit der Maßgabe einer entsprechenden Darstellung des Herrscherhauses in der Ausstellung. Vermehrt fanden königliche Portraits, Bildnisse des Kaiserpaares, Schlachtendarstellungen und Historienmalerei Einzug in die Galeriesäle.

Der Einfluss des Königshauses auf die Auswahl der Gemälde sollte bei Jordans Nachfolger schließlich zu größeren Konflikten führen. Der Jurist und Kunsthistoriker

Enthüllung des Reiter-
denkmals für Friedrich
Wilhelm IV. im Jahr
1886. Oben im Hinter-
grund: Börse in der
Burgstraße, Dach der
Garnison-Kirche, Turm
der St.-Marien-Kirche,
unten mit Blick auf das
Neue Museum

Hugo von Tschudi, Direktor der Nationalgalerie von 1896 bis 1908, war 1883 nach Berlin gekommen. Als Assistent an der Berliner Gemäldegalerie lernte er den Kunsthistoriker, Kunstpädagogen und späteren Direktor der Hamburger Kunsthalle, Alfred Lichtwark, kennen, mit dem er später gemeinsame Ausstellungen konzipierte. Tschudi studierte die Kunst des Impressionismus, reiste gemeinsam mit dem Berliner Maler Max Liebermann nach Paris und kaufte dort über 30 Kunstwerke ausländischer Künstler, darunter Édouard Manet, Claude Monet und Edgar Degas. Im Dezember 1896 erfolgte Tschudis Ernennung zum Mitglied des Senats der Preußischen Akademie der Künste, zur selben Zeit wurde Manets »Im Wintergarten« in der Nationalgalerie ausgestellt. Als nächstes gelangte 1897 »Die Mühle an der Couleuvre bei Pontoise« von Paul Cézanne in die Berliner Nationalgalerie und damit erstmals überhaupt ein Bild dieses Malers in ein Museum. Werke der Akademiemaler, darunter auch des Malers Peter von Cornelius, kamen stattdessen ins Depot. Die Neuerwerbungen wurden im ersten Stock der Nationalgalerie ganz modern präsentiert, auf einer hellen Wandbespannung und in großzügiger Anordnung von höchstens zwei Bilder-

reihen übereinander. Allerdings war die Modernität von kurzer Dauer, denn sie gefiel dem Kaiser nicht. Die französischen Neuankäufe mussten in den dritten Stock weichen, die historisierenden Monumentalbilder kamen wieder an ihre alten Plätze.

Die Meinungsverschiedenheiten zwischen Tschudi und dem Kaiser sind legendär. »Nur keine violetten Schweine«, soll Wilhelm II. ihm zugerufen haben, als man 1896 gemeinsam über Bilderankäufe beriet. 1899 erließ Wilhelm II. schließlich eine Kabinettsorder, die festschrieb, dass alle zukünftigen Erwerbungen seiner Genehmigung bedurften; der weitere Ankauf französischer Impressionisten wurde damit schwierig bis unmöglich.

Tschudi hatte weitreichende Verbindungen in die Kunstwelt, pflegte Freundschaften zu namhaften Künstlern wie Henry van de Velde und Mäzenen wie Harry Graf Kessler. Enge Kontakte verbanden ihn auch mit Hans Thoma, Max Klinger oder Arnold Böcklin. So konnte er trotz erschwerter Ankaufbedingungen noch größte Erfolge bei der weiteren Ausstattung der Nationalgalerie und auch bei zwei wichtigen Sonderausstellungen für sich verbuchen. Für die große »Adolph-Menzel-Gedächtnisausstellung« von 1905 erhielt Tschudi eine Sonderzuwendung zum Ankauf des Nachlasses von Adolph Menzel in Höhe von 1,5 Millionen Mark. Ein Jahr später konnte Tschudi gemeinsam mit Alfred Lichtwark und Julius Meier-Graefe bei der »Jahrhundertausstellung deutscher Kunst« die Kunst der deutschsprachigen Länder, Österreich und die Schweiz eingeschlossen, von 1775 bis 1875 präsentieren. Zur Ausstellung der über 2000 Bilder, mehr als 3000 Zeichnungen und einiger Plastiken wurden alle Säle der Nationalgalerie sowie vier zusätzliche Räume im Neuen Museum benötigt. Die Aussteller hielten dabei bewusst Abstand zur zeitgenössischen Kunstdiskussion und bezogen nur wenige der altbekannten und aktuell gefeierten Schulen in ihre Schau mit ein. Künstler wie Caspar David Friedrich, Philipp Otto Runge, Ferdinand Georg Waldmüller und Carl Blechen erfuhren in der Sonderschau eine große Aufmerksamkeit.

Tschudi, der aufgrund seiner höchst erfolgreichen Ausstellungen zum Geheimen Regierungsrat ernannt wurde, nutzte die Gunst der Stunde und ließ sich vom Kaiser zumindest Schenkungen von impressionistischer Malerei genehmigen. Allerdings führte seine Museumspolitik zu immer stärkeren Differenzen mit Wilhelm von Bode, der seit 1905 Generaldirektor der Königlichpreußischen Museen und Begründer des Kaiser-Friedrich-Museums, des späteren Bode-Museums, war. Er betrachtete Tschudi zunehmend als Konkurrenten, besonders was die Verbindungen zu Mäzenen betraf. Auch verfolgte Bode inhaltlich andere Ziele als Tschudi. Er war kein Bewunderer der Werke moderner Kunst, in seinem Geschmack spiegelte sich die klassische kunsthistorische Chronologie, von der Antike über die Renaissance zum Historismus des 19. Jahrhunderts.

Während Tschudi begeistert von den modernen Kunstströmungen seiner Zeit war, die französischen Impressionisten schätzte und für sein Museum zu erwerben suchte, schrieb Bode um 1900 über die zeitgenössische Kunst, es wäre »ein Gähren und Brodeln, ein Suchen und Haschen überall, Unbestimmtheit und Un-

Plakat zur »Deutschen Jahrhundert Ausstellung«, 1906

schen Werke als Tschudi-Spende 1912/1913 in die Münchner Neue Pinakothek.

Insbesondere Hugo von Tschudi ist es zu verdanken, dass aus einer Galerie der deutschen Kunst ein Museum mit internationalen Künstlern werden konnte, offen für neue Strömungen und auf dem Weg, ein Museum moderner Kunst zu werden. Als solches war es ja einst gegründet worden – und nicht zum Zweck, die Wünsche und Vorstellungen des Herrscherhauses widerzuspiegeln. Die Werke des Impressionismus, mit deren Ankauf Tschudi begonnen hatte, sind heute als Beginn der Moderne in der Kunst akzeptiert, aus den früheren Streitobjekten sind Publikumslieblinge geworden.

Die Sammlungen im 20. Jahrhundert

Nachfolger Tschudis war von 1909 bis 1933 der deutsche Kunstwissenschaftler Ludwig Justi, der zuvor Professor an der Martin-Luther-Universität Halle-Wittenberg, danach Direktor des Städelschen Kunstinstituts in Frankfurt am Main und ab 1905 erster ständiger Sekretär der Akademie der Künste in Berlin gewesen war. Aus einer Gelehrtenfamilie stammend und durch persönliche Kontakte mit vielen wissenschaftlichen Einrichtungen vernetzt, war Justi der richtige Mann für den weiteren Aufbau der Sammlungen. Die Nationalgalerie war das erste der Königlichen Museen, das sich aus dem Museumsverbund herausgelöst hatte. Sie unterstand nun dem Ministerium der geistlichen, Unterrichts- und Medizinalangelegenheiten. Dadurch wurde eine freizügigere Ankaufspolitik möglich, die Sammlungen nun wesentlich durch private Stifter finanziert. Mit der Novemberrevolution von 1918 wurden schließlich alle Königlichen Museen zu Staatlichen Museen. Im Berliner Tageblatt vom 20. November 1918 war zu lesen: »Die hiesigen staatlichen Museen (…) stehen als nationales Eigentum unter dem Schutz der Volksregierung.«

Von 1930 bis 1933 war Justi auch Herausgeber der Zeitschrift »Museum der Gegenwart«, einer Plattform

gewißheit, Regellosigkeit und Formlosigkeit, die Stilwidrigkeit als Grundlage eines angeblichen neuen Stils«.

Tschudi dagegen nannte seine eigene Art der Sponsorensuche ausgerechnet »Touren à la Bode«. Er hatte bei seiner Tätigkeit für Bode als Assistent an der Gemäldegalerie einige seiner Methoden sehr erfolgreich studiert und wohl etwas zu offensichtlich kopiert. 1908 kam es schließlich zur so genannten Tschudi-Affäre. Es ging dabei um den Ankauf von Werken aus der Schule von Barbizon, der Malerschule, die dem Impressionismus den Weg bereitet hatte. Dem Museumsdirektor war für den Ankauf die Genehmigung des Kaisers erteilt worden, woran dieser sich aber später nicht mehr erinnern wollte. Daraufhin fiel Tschudi in Ungnade und wurde vorzeitig entlassen. Er ging nach München um dort ab 1909 als Direktor der Staatlichen Galerien zu wirken. Als er 1911 starb, ging ein Großteil der von ihm bereits für Berlin und München angekauften ausländi-

Die Alte Nationalgalerie im Überblick

Name	Nationalgalerie (1876–1918) Alte Nationalgalerie (seit 1918)
erbaut	1867–1876
Architekt(en)	Friedrich August Stüler, Johann Heinrich Strack
eröffnet	1876
Sanierungen	1948–1955 schrittweise Wiederherstellung nach Kriegszerstörung 1998–2001 (HG Merz)
Sammlungen / Dauerausstellungen heute	Gemälde und Skulpturen des 19. Jahrhunderts: »Nationalgalerie in der Alten Nationalgalerie«

für alle, die an fortschrittlichen Ausstellungskonzepten und moderner Kunst interessiert waren. Unter seiner Leitung wuchsen die Bestände der Nationalgalerie so stark an, dass weitere Räumlichkeiten benötigt wurden. 1919 wurde die Sammlung geteilt: die Malerei des frühen 20. Jahrhunderts kam in das Kronprinzenpalais Unter den Linden, die Werke des 19. Jahrhunderts verblieben in der Nationalgalerie. Nach der Machtergreifung der Nationalsozialisten wurde Justi 1933 aus politischen Gründen als Direktor abgesetzt und zum Kurator degradiert. Er konnte allerdings noch bis zu seiner Pensionierung 1941 in der Kunstbibliothek arbeiten und war weiterhin publizistisch tätig. Sein Nachfolger bei der Leitung der Sammlung im Kronprinzenpalais war kurzzeitig – von Februar bis November 1933 – der Kunsthistoriker Alois Jakob Schardt. Direktor beider Sammlungsteile wurde schließlich von 1933 bis 1937 Eberhard Hanfstaengl, der bis dahin in München die Leitung der Städtischen Galerie im Lenbachhaus innegehabt hatte. Hanfstaengl gelang für einige Jahre den Spagat zwischen kunstwissenschaftlicher Arbeit und ideologiebehafteter Kunstpolitik im Nationalsozialismus. Da er sich 1937 weigerte, als »Entartete Kunst« diskreditierte Werke aus der Sammlung zu entfernen, wurde er – wie vor dem Justi – aus seinem Amt entlassen. Die Beschlagnahmung von etwa 500 Werken veränderte den Charakter der Ausstellung stark, die Kunst des Expressionismus, die unter Justi zum neuen Schwerpunkt geworden war, fehlte nun völlig. Neuer Direktor wurde der Altphilologe und Kunstwissenschaftler Paul Ortwin Rave, dessen bevorzugtes Forschungsfeld die preußische Kunst um 1800 war.

Wie die anderen Museen wurde auch die Nationalgalerie 1939 geschlossen. Schwere Bombentreffer zerstörten 1944 das Gebäude, das vorher so prächtige Treppenhaus war nun gefüllt mit Säulentrümmern, Eisenträgern und Geröll, lediglich die Säle im Erdgeschoss blieben halbwegs unversehrt. Während des Kriegs wurden Gemälde, Skulpturen und Zeichnungen aus den Beständen der Nationalgalerie ausgelagert, unter anderem in den Flakturm am Friedrichshain. Gegen Kriegsende kam es hier zu Explosionen und Bränden, bei denen allein die Gemäldegalerie mehr als 400 Werke verlor. Welche Kunstgegenstände zerstört wurden und welche kriegsbedingt in die Sowjetunion gelangten, ist bis heute nicht vollständig geklärt. Die nachfolgende deutsche

Ludwig Justi (1876–1957), Direktor der Nationalgalerie von 1909 bis 1933, nach dem Krieg Generaldirektor der Museumsinsel, Aufnahme von 1946

existierenden Berliner Schlosses zu sehen war. Die Nationalgalerie wurde erst 1949 teilweise wiedereröffnet, ab 1955 waren sämtliche Ausstellungsräume wieder dem Publikum zugänglich.

Paul Ortwin Rave blieb nach dem Krieg vorerst noch amtierender Direktor der Nationalgalerie, trat aber 1950 zurück, als sich die Teilung Berlins und damit auch die der Nationalgalerie manifestierte. 1968 wurde in Westberlin die »Neue Nationalgalerie«, ein architektonisches Spätwerk des Architekten Ludwig Mies van der Rohe, mit Werken der Kunst des Expressionismus und der Nachkriegszeit eröffnet. Die Nationalgalerie im Ostteil der Stadt wurde damit zur »Alten Nationalgalerie«, in der hauptsächlich Malerei und Skulptur des Klassizismus, der Romantik, des Biedermeier, des Impressionismus und der beginnenden Moderne präsentiert wurden. Heute bildet sie als Galerie des 19. Jahrhunderts das »Stammhaus« der insgesamt an fünf Standorten präsentierten Sammlungen der Nationalgalerie. Dazu gehören: die Neue Nationalgalerie auf dem Kulturforum am Potsdamer Platz als Galerie der Moderne; der Hamburger Bahnhof als Museum der Gegenwartskunst; die Sammlungen Berggruen-Picasso (Kunst der klassischen Moderne), die Sammlung Scharf-Gerstenberg (Kunst von der französischen Romantik bis zum Surrealismus) in Charlottenburg sowie die in der Friedrichswerderschen Kirche ausgestellte Berliner Skulptur des 19. Jahrhunderts.

Mit der Zusammenführung aller Bestände der Nationalgalerie kehrten zu Beginn der 1990er Jahre viele Werke an ihren angestammten Platz zurück. Die Alte Nationalgalerie wurde ab 1998 einer Generalsanierung unterzogen und im Dezember 2001, 125 Jahre nach ihrer Eröffnung, als erstes Museum der Insel nach umfassender Sanierung und in neuer inhaltlicher Ordnung der Öffentlichkeit präsentiert. Verantwortlich für die Instandsetzung der Nationalgalerie war das Architekturbüro HG Merz Architekten. Das architektonisch-denkmalpflegerische Konzept beschreibt Nikolaus Bernau in seinem Führer zur Berliner Museumsinsel sehr treffend:

Oben: I. Cornelius-Saal mit später als »entartet« diskreditierter Kunst, im Vordergrund der »Dreiklang« von Rudolf Belling, 1927
Unten: II. Cornelius-Saal mit Werken von Hans von Mareés und Adolf von Hildebrandt, 1936

Teilung riss die Sammlungen der Nationalgalerie noch weiter auseinander.

Im August 1946 wurde der einstige dritte Direktor der Nationalgalerie, Ludwig Justi, zum Generaldirektor der Museumsinsel. Er organisierte im selben Jahr auch die erste Ausstellung nach dem Krieg, die den programmatischen Titel »Wiedersehen mit Museumsgut« trug und in unversehrt gebliebenen Räumen des damals noch

Die zerstörte Freitreppe, 1946 (oben links), Wiedereröffnung durch Ludwig Justi, 1949 (oben rechts), die Alte Nationalgalerie, 2011 (unten)

»Für Denkmalpflege-Puristen sind in diesem Projekt die Grenzen zwischen Säuberung, Restaurierung und Neuinterpretation des historischen Bestandes zwar oft zu stark verwischt worden. Doch zweifellos kam dies dem Gesamteindruck zugute. Nie dürfte die Nationalgalerie so prachtvoll geglänzt haben wie dereinst.«

Wilhelminische Pracht

Könnte man die Grundidee eines römischen Tempelbaus noch dem späten Klassizismus zuschreiben, so ist in den baulichen Details der Alten Nationalgalerie die wilhelminische Prachtentfaltung unübersehbar. Die reiche Ausstattung mit Bauplastik und die Auswahl edler Materialien tragen zu dem repräsentativen und imposanten Eindruck des Museums bei. Als erstes Bauwerk der Insel und als zweites Gebäude in Berlin überhaupt erhielt die Nationalgalerie eine vollständig mit Sandstein verkleidete Fassade – anstelle des sonst üblichen Putzes, der den Eindruck von Sandstein nur vortäuschte. Der erste Bau in Berlin, dem diese Auszeichnung zuteil wurde, war das 1791 errichtete Brandenburger Tor.

Die Eingangsfront des Museums besteht aus acht Säulen mit korinthischen Kapitellen. Ebenso programmatisch wie die Inschrift auf dem Fries (»DER DEUTSCHEN KUNST«) ist auch das Thema des Giebelreliefs: »Germania als Beschützerin der bildenden Künste«. Die vier Ecken des Daches werden von Akroterien gekrönt, auf dem Giebelscheitel thronen drei weibliche Figuren, welche die Baukunst, die Bildhauerei und die Malerei symbolisieren. Ein großes Relief an der Rückwand der Säulenvorhalle thematisiert – ähnlich wie in der Vorhalle des Alten Museums oder im Treppenhaus des Neuen Museums – die geschichtliche Entwicklung der Kunst.

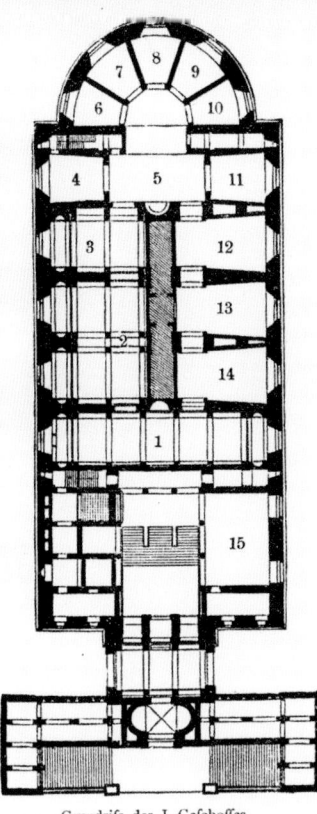

Grundriſs des I. Geſchoſſes.

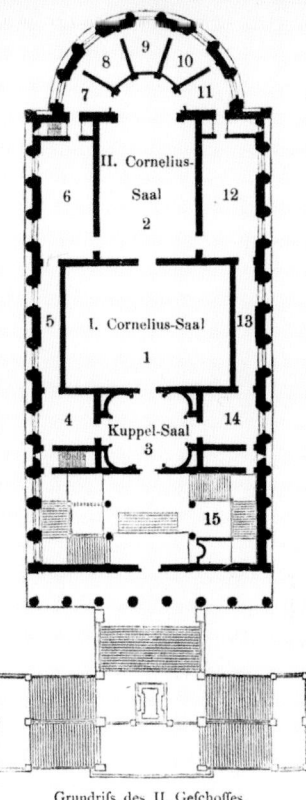

Grundriſs des II. Geſchoſſes.

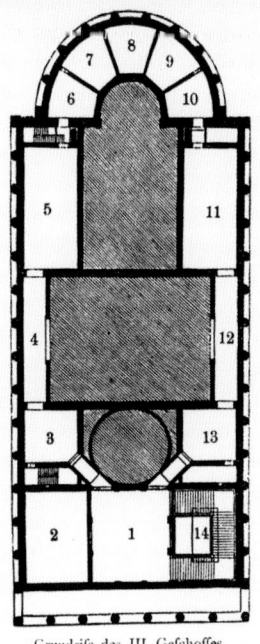

Grundriſs des III. Geſchoſſes.

Grundriss: Rechteckige römische Tempelform mit einer halbrunden Apsis an der einen und einer Freitreppe an der anderen Stirnseite, 1901

Im Unterschied zu den beiden anderen Reliefs geht es hier aber ganz konkret um die Entwicklung der *deutschen* Kunst von der Zeit Karls des Großen bis ins 19. Jahrhundert.

Dem rechteckigen Tempelgrundriss fügte Stüler an der Rückseite eine halbrunde Apsis hinzu, obwohl für einen römischen Tempel eine gerade verlaufende Rückfront typisch gewesen wäre. Die Fassade oberhalb des mit Sandstein verkleideten Sockels wird an den Ecken von kannelierten Pilastern begrenzt, die Wände werden durch Halbsäulen mit korinthischen Kapitellen strukturiert, deren Zwischenräume durch Mauerwerk geschlossen sind. An den Seiten und rund um die Apsis befinden sich in einigen dieser Zwischenräume die langrechteckigen Fenster des Hauptgeschosses. Über den Fenstern sind in vergoldeten Lettern die Namen sowie die Lebensdaten der – nach dem Verständnis der wilhelminischen Epoche – bedeutendsten deutschen Künstler

zu lesen, darunter Lucas Cranach, Johann Bernhard Fischer von Erlach, Hans Holbein, Wilhelm von Kaulbach, Stephan Lochner, Erwin von Steinbach, Peter Vischer und viele andere.

Der zwölf Meter hohe Sockel des Museumstempels und die Freitreppe steigern dessen Größe und betonen die majestätische Erhabenheit des Bauwerks gegenüber seiner Umgebung. Die monumental inszenierte Außentreppe dominiert das Äußere, obwohl man sie zum Eintritt in das Museum gar nicht benötigt. Sie führt auf eine Aussichtsplattform und zum Reiterstandbild des Königs Friedrich Wilhelm IV. Das 1886 geschaffene Standbild gilt als Hauptwerk Alexander Calandrellis, unter dessen Leitung auch der Terrakottafries am Roten Rathaus, die »Steinerne Chronik Berlins«, entstand. Der tatsächliche Eingang zum Museum befindet sich direkt unter dem Reiterstandbild. Durch ein Rundbogenportal tritt der Besucher zunächst in eine sakral anmutende Halle, die

einstige Kutschendurchfahrt. Deren Decke – und damit auch das Podest der Freitreppe – ruht auf rotbraunen Granitsäulen. Von hier gelangt man in das prächtige Erdgeschossvestibül, in dem eine weitere großzügig angelegte Treppenanlage, diesmal durch das Innere des Gebäudes, beginnt.

Ein Willkommen bereiten die beiden lässig und doch graziös aneinander lehnenden preußischen Prinzessinnen, Friederike und Luise. Das Doppelstandbild aus Marmor wurde 1797 von Johann Gottfried Schadow geschaffen und hatte zu seiner Entstehungszeit ob der leichten Bekleidung und der sinnlichen Haltung der Dargestellten einen Skandal ausgelöst, zumal Doppelstandbilder damals der Darstellung von Geistesgrößen wie Goethe und Schiller vorbehalten waren. Die Figurengruppe war daher nach ihrer Fertigstellung auf Anweisung Friedrich Wilhelms III. für mehr als 100 Jahre im Depot verschwunden, was von den Zeitgenossen

durchaus bedauert wurde. Erst 1886 waren die Prinzessinnen für kurze Zeit auf einer Jubiläumsausstellung der Berliner Kunstakademie zu sehen. Im Jahre 1906 präsentierte man sie auf der schon erwähnten »Jahrhundertausstellung deutscher Kunst« in der Nationalgalerie. Von 1893 bis 1921 waren die beiden Damen im Berliner Stadtschloss aufgestellt, den Zweiten Weltkrieg verbrachten sie im Kellergewölbe des Berliner Doms. Heute steht das Original genau in der Eingangsachse der Nationalgalerie – eine Gipskopie des Standbildes ist in der Friedrichswerderschen Kirche zu finden.

Geht man heute näher auf die beiden Damen zu, gelangt man in die so genannte Querhalle, einen ersten und besonders prächtigen Höhepunkt des Museums. Die Halle verläuft, wie ihr Name schon verrät, quer über das gesamte Gebäude. Sie gehört mit zu den besterhaltenen Räumen der Nationalgalerie. Der Glanz der wilhelminischen Ära spiegelt sich hier in poliertem Mar-

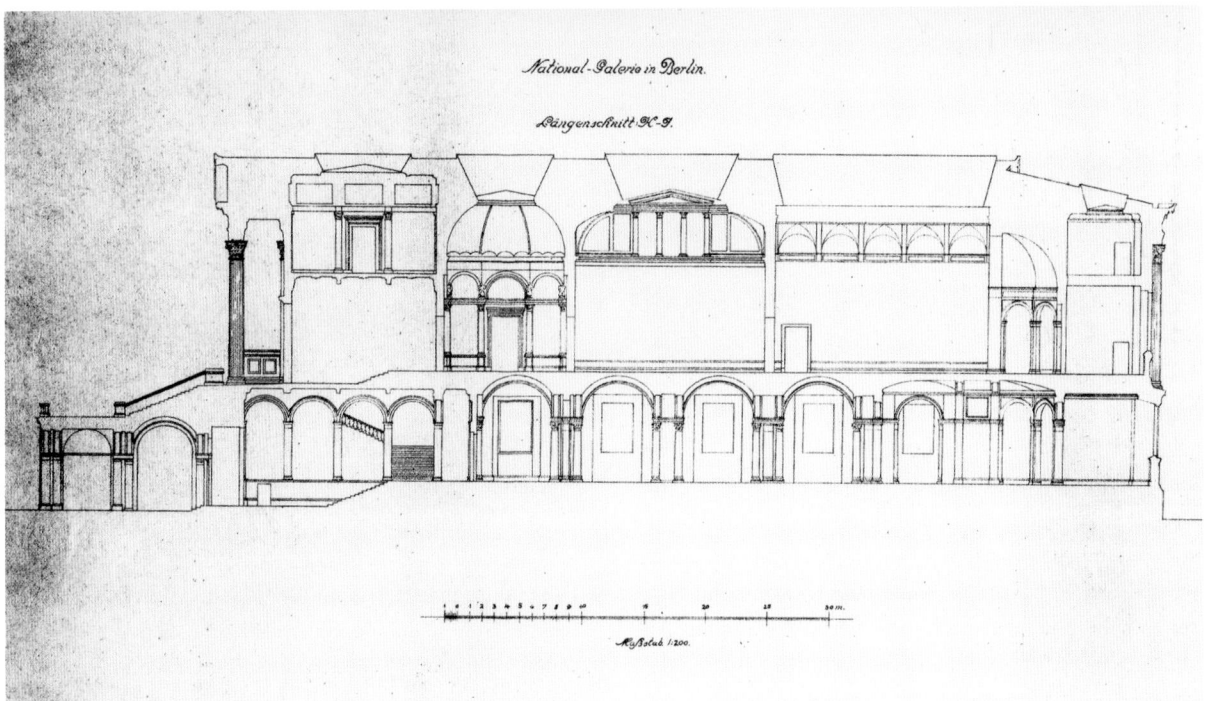

National-Galerie in Berlin.

Längenschnitt K-J.

Maßstab 1:200.

Polierter Marmor,
Stuck und Blattgold:
Blick ins Treppenhaus,
1917 (oben), Umbau-
planungen unter
Ludwig Justi, Gebäude-
längsschnitt, 1911–14
(unten)

mor, Stuck und Blattgold. Den oberen Abschluss des
Raumes bildet ein Tonnengewölbe, das durch Gurtbö-
gen, die auf schwarzen, mit Marmor verkleideten Säulen aufliegen, gegliedert wird. Die Decke ist mit Wachs-
malereien des Malers Ernst Ewald nach Motiven aus der
Nibelungensage gestaltet.

Vor den beiden Längswänden der Halle stehen Arka-
den, in den Nischen darunter befinden sich klassizistische Skulpturen aus weißem Marmor. Hier sind unter
anderem Werke der bedeutenden Bildhauer Christian
Friedrich Tieck, Johann Gottfried Schadow und Christian Daniel Rauch zu finden, deren Werk eng mit der
Stadt Berlin verknüpft ist. Tieck war bereits durch seine
enge Zusammenarbeit mit Schinkel hervorgetreten, er
schuf die Bauplastik am Alten Museum und wirkte auch
am Schauspielhaus. Nach Schadows Entwürfen entstand die allseits bekannte Quadriga auf dem Brandenburger Tor. Das Hauptwerk Rauchs ist das Reiterstand-

bild von Friedrich dem Großen, das Unter den Linden
am einstigen Forum Fridericianum, zwischen Linden-
oper und Humboldt-Universität, steht.

Von der repräsentativen Querhalle aus erreicht man
die Ausstellungsräume des Erdgeschosses über zwei
Zugänge, die an den Außenwänden positioniert sind. In
der Osthälfte des Museums werden Werke aus der
Gründerzeit ausgestellt, in der Westhälfte Malerei des
Realismus.

Ebenfalls in der Westhälfte findet man hinter Kulis-
senwänden einen kleinen Raum mit einer Ausstellung
zur Geschichte und baulichen Entwicklung der Nationalgalerie. Hier kann man Einblicke in das ursprüngliche Konzept des Erdgeschosses nehmen, das bis zur
Umgestaltung von 1911 bis 1913 beibehalten wurde. Bis zu
dieser Zeit gab es eine größere »Säulenhalle« im Westen, die Werken klassizistischer Skulptur vorbehalten
war, und die »Gemäldegalerie« im Osten für die Aus-

stellung von Malerei. Ludwig Justi hatte später durch
den Architekten Wilhelm Wille das Erdgeschoss umge-
stalten und mehrere kleine Räume mit entsprechend
mehr Ausstellungsfläche entstehen lassen. Auch das ist
ein Zeugnis der fast schon kontinuierlichen baulichen
Umgestaltungen in der Geschichte der Nationalgalerie.

Im Norden des Erdgeschosses wiederholt sich das
Konzept der Querhalle. In einem quer zur Hauptachse
liegenden Saal sind Monumentalgemälde der Gründerzeit zu sehen.

Die Ausstellungskammern der Apsis sind dem Schaffen Adolph Menzels vorbehalten. Hier finden sich Werke, die eine große Intimität zwischen Betrachter und
Objekt erzeugen, wie »Das Balkonzimmer«, oder klein-
formatige Gemälde wie der »Blick auf den Park des
Prinzen Albrecht«. Menzel war ein Chronist seiner Zeit,
der preußischen Gesellschaft des 19. Jahrhunderts. Seine Bilder zeugen von großem Realismus und auch von

Modernität. Bilder von Max Slevogt wie »Segelboote
auf der Alster am Abend« und Walter Leistikow mit der
»Abendstimmung am Schlachtensee« sind ebenso im
Erdgeschoss vertreten.

Jedes Geschoss des Museums ist als in sich geschlos-
sener Rundgang angelegt, der stets im monumentalen
Treppenhaus im Süden beginnt und dort auch wieder
endet. Am Treppenaufgang wird der Besucher vom
»Sänger Francisco d'Andrade als Don Giovannni« begrüßt, ein Werk von Max Slevogt. Der von Otto Geyer
geschaffene Fries im Treppenhaus zeigt bedeutende Ereignisse der deutschen Geschichte und Kulturgeschichte. Der Teil des Frieses, in dem Ludwig I. von Bayern und
Friedrich Wilhelm IV. von Preußen einträchtig neben-
einander sitzen und die Huldigungen der deutschen
Künstler entgegen nehmen, ist im Krieg zerstört und
nicht wiederhergestellt worden. Auch »Das Gastmahl
des Plato« von Anselm Feuerbach ist im Treppenhaus

Oben: I. Corneliussaal mit Gemälden »Spreelandschaft bei schwülem Wetter« von Max Schmidt, »Schlacht bei Salamis« von Wilhelm von Kaulbach, »Grunewaldsee« von Walter Leistikow und Kartons zu den Wandbildern der von Peter von Cornelius (v.l.n.r.), Aufnahme von 1903
Unten: II. Corneliussaal mit Werken von Max Klinger, Otto Engel, Anselm Feuerbach, Ricordo di Tivoli u. a., Aufnahme von 1903

Damen beim Kopieren eines Böcklin-Gemäldes im ersten Kabinett des zweiten Geschosses, 1897

positioniert, mit seiner Höhe von vier Metern und seiner Breite von 7,5 Metern ist es ein monumentales Zeugnis spätklassizistischer Antikenverehrung.

Das erste Obergeschoss ist hauptsächlich der Malerei des Impressionismus und den Deutschrömern gewidmet. Man betritt es über einen Kuppelsaal mit Oberlicht, in dem neobarocke Skulpturen stehen. Der Kuppelsaal wurde nach seiner Zerstörung im Zweiten Weltkrieg vom Büro HG Merz als Himmelsgewölbe neu gestaltet. Ursprünglich befanden sich in diesem Geschoss auch die so genannten Cornelius-Säle, in denen Kartons des Malers Peter von Cornelius ausgestellt wurden, für die – neben der Sammlung Wagener – die Nationalgalerie ja maßgeblich gebaut worden war. Johann Heinrich Strack hatte zur Ausstellung der großformatigen Bildwerke zwei über zwei Geschosse reichende Säle mit Oberlicht geschaffen. 1936 fanden erneute Umbaumaßnahmen in der Nationalgalerie statt: In die Cornelius-Säle wurde

eine Zwischendecke eingezogen und damit eine zusätzliche Ausstellungsetage geschaffen. Das natürliche Oberlicht wurde dabei durch eine moderne Licht-Rasterdecke ersetzt. Keiner der beiden Säle ist bei der Rekonstruktion der Nationalgalerie wiederhergestellt worden.

Zu den Deutschrömern, deutschen Künstlern, die sich in der ersten Hälfte des 19. Jahrhunderts in Rom niedergelassen hatten, gehörte Anselm Feuerbach ebenso wie Arnold Böcklin, von dem hier unter anderem das Gemälde »Die Toteninsel« zu sehen ist. Den Ankauf ihrer Werke, die dem Neoklassizismus zugerechnet werden, hatte der erste Direktor des Hauses, Max Jordan, befördert.

Der reiche Sammlungsbestand an impressionistischer Kunst beinhaltet Bilder von Claude Monet, Édouard Manet, Paul Cézanne, Edgar Degas und Skulpturen von Auguste Rodin. In der Apsis wird Malerei des deutschen

Realismus gezeigt. Wilhelm Leibl und seinem Kreis und Fritz von Uhde mit seinem »Heideprinzesschen« sind Räume im Osten und im Westen des ersten Geschosses gewidmet. Darüber hinaus präsentiert die Nationalgalerie hier ihren großen Bestand an Gemälden von Max Liebermann. Im zweiten Obergeschoss, dem dritten Ausstellungsgeschoss, werden heute Werke aus der Goethezeit ausgestellt, darunter Landschaften von Jakob Philipp Hackert und Porträts von Anton Graff. Auch wichtige Werke der in Rom tätigen Künstlergruppe der Nazarener, zu denen einige Maler der schon erwähnten Deutschrömer gehörten, finden sich hier. Die Nazarener wollten nach dem Vorbild Raffaels und Peruginos vor allem religiös-patriotische Kunst für Deutschland schaffen. Ihre Werke hatten großen Einfluss auf die Kunst der Romantik. Bei dem Freskenzyklus für die Casa Bartholdy in Rom steht die Josephslegende im Zentrum. Er entstand von 1815 bis 1817 im Auftrag des

preußischen Generalkonsuls Jakob Ludwig Salomon Bartholdy durch die Künstler Peter von Cornelius, Friedrich Overbeck, Wilhelm Schadow und Philipp Veit.

Berliner Stadtansichten von Eduard Gaertner und Johann Erdmann Hummel wie »Die Granitschale im Berliner Lustgarten« sowie Landschaften, Genrebilder und Porträts von Carl Spitzweg bis Ferdinand Georg Waldmüller stehen für die Kunst des Biedermeier. Der Hauptraum des Geschosses ist dem Klassizismus gewidmet – repräsentiert durch Bilder, Skulpturen und Architekturphantasien von Karl Friedrich Schinkel und seinen Zeitgenossen. Der Ankauf von Schinkel-Werken war eine Passion des Kunstsammlers Wagener, der ja einst den Grundstock für die Nationalgalerie gelegt hatte. Das erste großformatige Bild, das er gekauft hatte, war die »Gotische Kathedrale auf einem Felsen am Wasser« von Schinkel. Der Saal gehört zu jenen, die einst durch die geschossweise Teilung der Cornelius-Säle ent-

An eine Kunstkammer erinnernd: Linker Gang im dritten Ausstellungsgeschoss der Nationalgalerie, 1907

standen sind: die Säulen, die früher zu den Loggienfenstern gehörten, verweisen noch auf die ursprüngliche Konzeption. Romantische Malerei von Caspar David Friedrich wie der »Eichbaum im Schnee« oder von Carl Blechen »Das Innere des Palmenhauses« und »Die Fischer auf Capri« runden das Bild der Kunst des ersten Drittels des 19. Jahrhunderts ab.

In einem quadratischen Raum an der Ostseite des Hauses wird heute ein Teil der »Cornelius-Kartons« gezeigt, die einst als Vorlagen für Fresken und Gemälde im Maßstab 1:1 dienten. Der Maler und Zeichner Peter von Cornelius hat die bis zu einer Größe von 4,50 x 8,50 Meter großen Vorzeichnungen meist mit Kohle, aber auch mit Bleistift und Feder geschaffen und anschließend auf

Leinwände gespannt. Schon zur Zeit ihrer Entstehung von 1820 bis 1830 wurden sie als eigenständige Kunstwerke betrachtet und ausgestellt.

Die mythologischen Decken- und Wandbilder, welche die Götterwelt Griechenlands zeigen und zu den Beständen der Nationalgalerie gehören, waren Vorzeichnungen für die Ausgestaltung der Münchner Glyptothek. Die nach diesen Vorlagen ausgeführten Fresken sind im Krieg zerstört und beim Wiederaufbau nicht wiederhergestellt worden. 42 der ursprünglich 48 Kartons für die Glyptothek existieren bis heute. Restauriert werden sie heute als Auswahl in der ständigen Ausstellung der Alten Nationalgalerie oder in Sonderschauen gezeigt.

DAS BODE-MUSEUM

Eine geteilte Insel
und ein dreieckiger Bauplatz

Im Jahr 1882 wurde die Stadt- und Fernbahntrasse in Betrieb genommen, die zwischen dem Hackeschen Markt und der Friedrichstraße in Ost-West-Richtung über die Museumsinsel verläuft und sie in zwei Hälften teilt. Der Architekt August Orth hatte als Planer der Bahnstrecke schon ab 1873 Vorschläge dazu gemacht, wie man die Inselspitze im Norden am besten gestalten könne. Hintergrund dieser Planungen, die Orth ohne konkreten Auftrag ausführte, war offenbar sein Wunsch, den Verlauf der Bahntrasse über eine sonst der Kunst geweihte Insel zu rechtfertigen.

Orth war es auch, der als Erster einen Bau mit Kuppel für diese städtebaulich wichtige Blickachse vorschlug. Seine Entwürfe können als Auftakt zum weiteren Ausbau der Museumsinsel gesehen werden. 1881 wurde auch der vom Verein Berliner Architekten ausgelobte Schinkel-Preis für Ideen zur Museumsinsel vergeben. Dem ersten Architekturwettbewerb folgten weitere Wettbewerbe. Anlass war auch der erneut gewachsene Bedarf an Ausstellungsräumen. 1883 wurde Wilhelm von Bode Direktor der Skulpturenabteilung der Berliner Museen und arbeitete intensiv am Aufbau einer »Abteilung der Bildwerke christlicher Epochen«, für die Werke der italienischen Renaissance aus der Antikensammlung herausgenommen und mit Objekten aus der 1875 aufgelösten Kunstkammer des Berliner Schlosses vereint wurden. Bestandteil dieser Abteilung wurde 1885 auch die Sammlung frühchristlicher und byzantinischer Kunst, die auf die Kunstkammern der kurfürstlichen Familie zurückging und 1830 erst-

mals zusammenhängend öffentlich ausgestellt worden war. Ab etwa 1890 kaufte Bode dann systematisch spätantike Kunstwerke dazu: in Istanbul, in den kleinasiatischen Grabungsorten der Berliner Museen, in Ägypten und später auch in Rom. Infolgedessen konnte er innerhalb weniger Jahre eine erstrangige Sammlung spätantiker Kunst aufbauen. Der Initiative von Bode ist es zu verdanken, dass es in Berlin eine eigenständige Skulpturensammlung, vorrangig mit Werken der italienischen Renaissance, und ein Museum für Byzantinische Kunst gibt.

Wilhelm von Bode engagierte sich stark für den Ausbau von Berliner Privatsammlungen, aus denen er dann

In August Orths Entwurf vereinen sich Museumslandschaft und Stadtbahntrasse, 1875

Linke Seite:
Kleine Kuppelhalle,
Treppenhaus mit den
Skulpturen Merkur und
Venus, 2009

Der einflussreiche Museumsfachmann Wilhelm von Bode (1845–1929), Gemälde von Max Liebermann, 1904

Den vom Kaiser Friedrich-Museums-Verein ab 1897 erworbenen Kostbarkeiten fehlte allerdings noch immer das entsprechende Bauwerk, in dem sie in angemessener Form präsentiert werden konnten. Keiner der zahllosen Wettbewerbsentwürfe aus den 1880er Jahren wurde für realisierungswürdig befunden. Es kristallisierte sich jedoch heraus, dass es zwei Museen geben würde: Eines nördlich der Bahntrasse, mit dem Schwerpunkt auf der Renaissance, und eines südlich davon, mit dem Schwerpunkt auf der Antike.

Anders als bei den anderen Museen auf der Museumsinsel, die mit zeitlichem Abstand geplant und realisiert worden waren, konkurrierten die beiden neuen Bauwerke um einen früheren Baubeginn. In Angriff genommen wurden dann schließlich beide zur gleichen Zeit, im Jahre 1898. Das Antikenmuseum entstand allerdings zunächst nur als Provisorium, in Form des so genannten »Interimsbaus« von Fritz Wolff, dem Vorgänger des heutigen Pergamonmuseums.

Das Kaiser-Friedrich-Museum dagegen wurde gleich in seiner »endgültigen« Form erbaut. Das hatte Wilhelm von Bode mit Viktoria ausgehandelt, der Witwe des »99-Tage-Kaisers« Friedrich III., zu dessen Ehren das Museum seinen Namen erhalten hatte. Auch zum neuen Kaiser Wilhelm II. hatte Bode ein ausgesprochen gutes und enges Verhältnis, damit konnte er viele Weichen zum Aufbau seiner Sammlungen stellen, ehe ein größeres Gremium dazu befragt werden musste. Sein als »Kaffee-Kranz-Diplomatie« bezeichnetes Vorgehen half ihm auch dabei, Intrigen abzuwehren.

Das engagierte Schaffen Bodes trug wesentlich zur Errichtung und Ausstattung des Kaiser-Friedrich-Museums und darüber hinaus zum Wachstum der gesamten Museumsinsel mit ihren Sammlungen bei. Von 1905 bis 1920 war Bode Generaldirektor der Königlich Preußischen bzw. der ab 1918 Staatlichen Museen. Für das Kaiser-Friedrich-Museum war der durchaus extravagante Bauplatz von etwa 6000 Quadratmetern direkt an der Inselspitze vorgesehen.

zahlreiche wertvolle Schenkungen bezog. Beim Aufbau seiner musealen Bestände wurde Bode unterstützt vom 1897 gegründeten (und bis heute aktiven) Kaiser Friedrich-Museums-Verein. Dem Verein gehörten zu Bodes Zeiten gut 100 Mäzene an, von denen jeder sich verpflichtete, jährlich mindestens 500 Mark zum Ankauf von Kunstwerken beizusteuern. Zu seinen wichtigsten Gönnern zählten neben James Simon auch dessen Cousin Edward Simon, der Kunstsammler Franz Adolf von Beckerath, der Geheime Regierungsrat, Kunstsammler und Mäzen Richard von Kaufmann und der Bankier August Freiherr von der Heydt.

Vorsichtig ausgedrückt handelte es sich um einen schwierigen Ort für einen Museumsneubau. Er hatte die Form eines unregelmäßigen Dreiecks und war an zwei Seiten von Wasser, an der dritten von der Bahntrasse begrenzt. Die Fläche war nicht übermäßig groß und zudem sehr morastig, sodass Probleme mit der Gründung programmiert waren. Das Bauwerk sollte repräsentativ wirken, möglichst herrschaftliche Architektur zitieren und der Ausstellung von Sammlungsstücken christlicher Epochen dienen.

Dem Bauherrn, Kaiser Wilhelm II., wurde als Architekt, wahrscheinlich von seiner Mutter Viktoria, der Oberbaurat Ernst Eberhard von Ihne empfohlen. Dieser war dafür bekannt, konservative monumentale Bauten im Stile des Neobarock oder der Neorenaissance zu errichten und sich nicht modernen Spielereien hinzugeben. Ohne Wettbewerb bekam Ihne die Aufgabe übertragen. Er überbaute ab 1897 den vorgegebenen Bauplatz komplett mit einem kompakten dreieckigen Gebäude, das trotz aller Widrigkeiten symmetrisch und sogar sehr harmonisch wirkt. Am 18. Oktober 1904, dem Geburtstag des sechs Jahre zuvor verstorbenen Namensgebers, konnte das Museum eröffnet werden.

Säulen, Kuppeln und Kritik

Zwei Seiten des Kaiser-Friedrich-Museums ragen direkt aus dem Wasser empor, ohne einen Umgang, vergleichbar einem Schiffsrumpf. Das Museum könnte somit als ein Dampfer gesehen werden, »auf dem die bildenden Künste in die Stadt einziehen« (Gottfried Knapp). Ihne hatte in Paris an der École des Beaux-Arts studiert. In der Stadt an der Seine hatte er die Formen des Neobarock studieren können und wurde auch mit unmittelbar am Wasser errichteten Bauten vertraut. Er sah Berlin ganz offensichtlich nicht als Spree-Athen, sondern zitierte die Architektur von Paris. Den Haupteingang des Museums legte er an die nördliche Inselspitze, sozusagen ins Wasser, und die davor verlaufende Monbijou-Brücke ließ er nach dem Vorbild der Pont Neuf bauen.

An den beiden Wasserseiten dient das Erdgeschoss als Sockel für die zwei darüber liegenden Hauptgeschosse. Die Fassaden sind durch Pilaster gegliedert, die beide Geschosse umfassen. Jeweils an den Enden befinden sich von je einem Spitzgiebel gekrönte Risalite, also vor die Flucht des Hauptbaukörpers vorspringende Bauteile, die mit Halbsäulen dekoriert sind. An der abgerundeten Eingangsseite bilden Halbsäulen, die sich mit Rundbögen und einem darüber liegenden Fenster abwechseln, eine Variante des bekannten Colosseumsmotivs.

In den Bogenscheiteln sieht man steinerne Masken, die – auf Wunsch des Kaisers – einen Bezug herstellen zu den Skulpturen Andreas Schlüters am Zeughaus Unter den Linden. Die Säulen und Pilaster tragen, zumin-

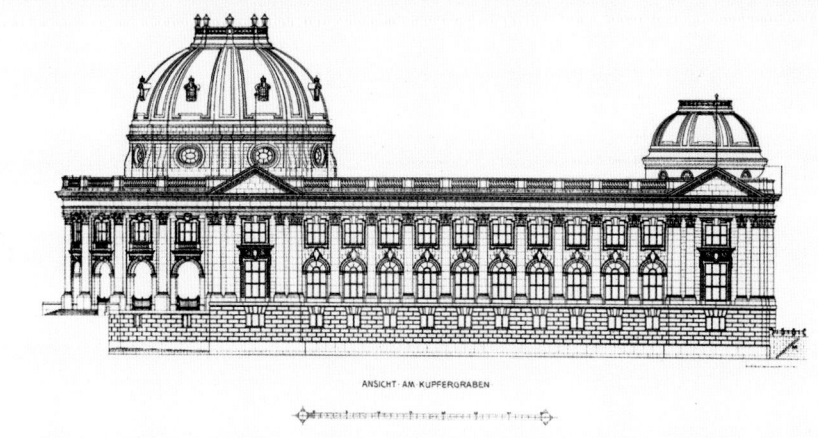

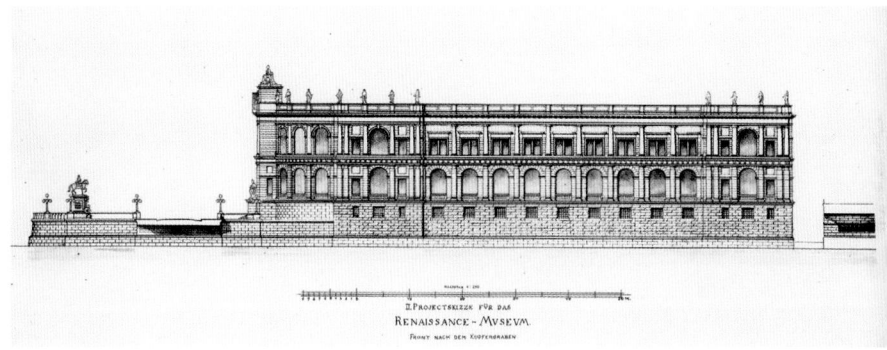

Entwürfe des Architekten Ernst Eberhard von Ihne: Das Kaiser-Friedrich-Museum im »Wilhelminischen Barock« (oben) und ein »Renaissancemuseum« im Stil der Neorenaissance (unten), beide 1896

dest optisch, ein schweres Dachgebälk, das von einer Balustrade mit Statuen überragt wird. Die von August Vogel und Wilhelm Widemann geschaffenen Skulpturen sind Allegorien auf die Künste und wichtige Kunststädte; am Außenbau waren sie das einzige Indiz dafür, dass es sich um ein Museum handelte. Die Inschrift über dem Eingang lautete nämlich schlicht: »Kaiser Wilhelm II. dem Andenken Kaiser Friedrichs III.« Vor dem Eingang des Museums befand sich bis in die 1950er Jahre ein Reiterstandbild von Friedrich III., 1904 geschaffen vom Münchner Bildhauer Rudolf Maison.

Heute steht über dem Eingang »Bodemuseum«, der Name den das Museum seit 1956 trägt. In seiner Ausstrahlung, die eher an eine barocke Residenz als an ein Museum erinnert, bildet es einen deutlichen Kontrast zu seinen klassizistischen oder zumindest antikisierenden Nachbarn, den Museen von Schinkel, Stüler, Strack und später auch Messel. Die Gestaltung des Museums stand aber im Einklang mit dem heute nicht mehr vorhandenen Schloss Monbijou auf der gegenüberliegenden Spreeseite, und die Kuppeln – eine große über dem Haupteingang, eine kleinere am anderen Ende des Gebäudes – korrespondierten mit anderen (Kuppel-)Bau-

ten, die zur Erbauungszeit das Berliner Stadtbild prägten: Mit dem Schloss und seiner Kuppel, mit dem zwischen 1894 und 1905 erbauten neuen Berliner Dom sowie mit dem 1894 vollendeten Reichstagsgebäude von Paul Wallot. Weil die Hauptkuppel des Bodemuseums mit ihren zwei kleineren Nebenkuppeln einen ovalen Grundriss überspannt, erhielt sie damals den Spitznamen »Suppenterrine«.

Die monumental-herrschaftliche Architektur im Stil des »Wilhelminischen Barock« wurde von vielen Zeitgenossen kritisiert. Alfred Lichtwark, der erste Direktor der Hamburger Kunsthalle, urteilte hart über das Bodemuseum und fand es »als Museum in allem Wesentlichen vollkommen verfehlt«. Während in Deutschland die Presse wenigstens zu einer respektvollen Würdigung neigte, bezeichnete der Pariser Figaro den Bau als »entsetzlich hässlich«.

Fortschrittliche Kunstkritiker beklagten die übermäßig verwendeten historischen Formen und die Tatsache, dass der Bau nichts Modernes an sich hätte. In Wirklichkeit war er allerdings moderner, als man auf den ersten Blick erkennen mochte. Die mit einer Kupferdeckung versehene Stahlkonstruktion der Nordkup-

Das neuerbaute Kaiser-Friedrich-Museum von Nordwest gesehen mit Reiterstandbild für Kaiser Friedrich III., Aufnahme von 1905

Blick vom Dach zwischen Kuppel und Balustrade, 1979

Das Kaiser-Friedrich-Museum vor der Eröffnung, Baumaßnahmen an der Monbijoubrücke, 1904 (oben) Gruppenaufnahme der Bauarbeiter, Bauführer und Architekten, 1899 (unten links), und Baustelle, 1903 (unten rechts)

Vom Kutscher sichtbar am Hute zu tragen

Wagenkarte

Anfahrt
zur
Einweihung des Kaiser Friedrich-Museums
am 18. Oktober 1904
Vormittags nur bis 11 Uhr.

Zufahrt: nur über die Friedrich-Brücke durch die Kleine Museumsstraße, unter der Stadtbahn durch, nach der umstehend mit Z bezeichneten Tür.

Abfahrt: von derselben Stelle, durch die Höfe des Museums.

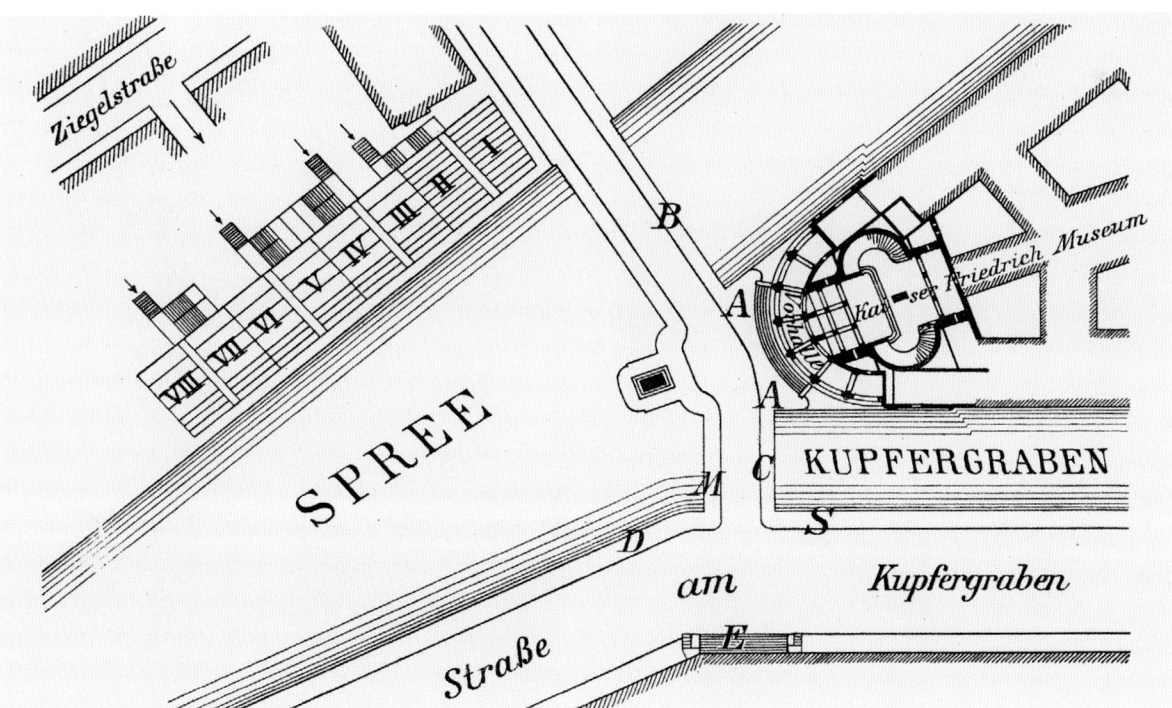

Postkarten vom Kaiser-Friedrich-Museum bei Tag, 1908, (oben) und bei Nacht, 1930 (unten)

um sei, so der Kritiker, »ein ganz vortreffliches Museum, bei dem man das Museum selbst über seinem Inhalt vergisst«.

Wilhelm von Bode und seine Stilräume

Wilhelm von Bode gilt als Mitbegründer des modernen Museumswesens. Er war eine der zentralen Figuren in der Kunstwelt des späten 19. und frühen 20. Jahrhunderts, nicht nur in Berlin, sondern in ganz Deutschland. Der »Bismarck der Berliner Museen«, wie er genannt wurde, war allerdings auch eine durchaus umstrittene Persönlichkeit. Als ausgezeichneter Fachmann hatte er grundlegende Arbeiten zur Geschichte der deutschen, niederländischen und italienischen Malerei und Plastik verfasst. Sein Einfluss auf die Entwicklung der Berliner Museumslandschaft war sehr groß, sein Umgang mit vermeintlichen und tatsächlichen Konkurrenten und Widersachern hart, seine Sammlungspraktiken oft in der Kritik. Besonders umstritten war seine – auch als »System Bode« bezeichnete – Methode, zahlungskräftige Kunstsammler durch persönliche Beratung oder Gefälligkeitsgutachten dergestalt zu beeinflussen, dass diese sich mit kostbaren Schenkungen oder hohen finanziellen Zuwendungen an die Berliner Museen revanchierten. Schnell war Bode nämlich klar geworden, dass der preußische Staat trotz eines ständig steigenden Etats für den Erwerb von Kunstwerken, die notwendigen Ankäufe nicht allein finanzieren konnte.

Mit seiner Museumsarbeit hatte Bode bereits seit den 1870er Jahren versucht, Anschluss an die großen europäischen Museen in Paris, London, Wien, Dresden und München zu bekommen. Die Schwierigkeit bestand darin, dass die traditionellen Bestände, die in den »Kunstkammern« anderer großer Fürstenhäuser von Haus aus vorhanden waren, den vergleichsweise bescheidenen Sammlungen der Hohenzollern sowohl quantitativ als auch qualitativ überlegen waren. Andernorts gab es also bereits eine sammlerische Basis, die nicht so schnell ein-

pel, für welche die Fundamente zusätzlich verstärkt werden mussten, war eine außerordentliche Ingenieurleistung. Gleichermaßen modern war Wilhelm von Bodes Konzeption der Ausstellungen mit der Einrichtung von Stilräumen. Das zeitgenössische Urteil eines jungen Architekten über das Museum und seine Sammlung brachte die Schwierigkeit, vor der jedes Ausstellungsgebäude steht, auf den folgenden Punkt: Das Bodemuse-

108   DAS BODE-MUSEUM

Der Eingang an der Monbijoubrücke, um 1910

Der Kunstsammler
James Simon
(1851–1932)

zuholen war. Bode startete daher regelrechte »Erwerbungsfeldzüge«. Bemerkenswert ist dabei seine der aufkommenden Moderne entsprechende Haltung, dass das künstlerische Original wertvoller sei als die bis dahin so geschätzten Gipsabgüsse.

Während des halben Jahrhunderts, in dem Bode in Berlin wirkte, gelang es ihm, unter oft schwierigen Umständen eine der bedeutenden Kunstsammlungen Europas aufzubauen. Einer seiner größten Erfolge war dabei die Schenkung der umfangreichen Renaissance-Sammlung des Berliner Sammlers und Mäzens James Simon im Jahr 1904. Simon hatte sich als einer der ersten deutschen Sammler des 19. Jahrhunderts dafür entschieden, nicht allein Bilder oder Skulpturen, sondern ganz unterschiedliche Kunstgattungen systematisch zu sammeln. So umfasste seine Sammlung neben den zwei genannten Gattungen auch Möbel und Münzen des 15. bis 17. Jahrhunderts. Beim Aufbau seiner Sammlung der italienischen Renaissance hatte ihn Wilhelm von Bode über 20 Jahre lang beraten. Die eindrucksvollen Werke konnten, bevor sie ins Kaiser-Friedrich-Museum kamen, in der Villa Simon nach Voranmeldung besichtigt werden. Für Simon – einerseits Jude und gleichzeitig preußischer Patriot – war die persönliche Mitwirkung am Kaiser-Friedrich-Museum von ganz besonderer Bedeutung. Aufgrund seiner Nähe zu Wilhelm II. wurde Simon zur Gruppe der so genannten »Kaiserjuden« gerechnet – einer abfälligen Bezeichnung von Chaim Weizmann, dem ersten Staatspräsidenten Israels, unter der er prominente Berliner Juden, die gut zum Kaiser standen, zusammenfasste.

Kurz nachdem er die Kunstwerke der Renaissance an das Museum übergeben hatte, begann Simon mit dem Aufbau einer zweiten Sammlung, deren Schwerpunkte jetzt deutsche und niederländische Holzskulpturen aus dem Spätmittelalter waren. Ergänzt wurden sie durch Möbel, Gemälde, Gobelins und Kunstgewerbe aus Deutschland, Spanien und Frankreich. Insgesamt umfasste die Sammlung rund 350 Stücke, die Simon so ausgewählt hatte, dass sie die auf der Berliner Museumsinsel vorhandenen Bestände hervorragend ergänzten. Nach dem Ersten Weltkrieg übereignete er auch diese spätmittelalterliche Sammlung den Berliner Museen. Wie schon erwähnt, geht auch der Besitz der Büste der Nofretete auf eine Schenkung von James Simon aus dem Jahre 1920 zurück. Kennzeichnend für Simons Mäzenatentum ist die hohe Kontinuität und fachliche Sicherheit, mit der er verschiedenen Museen, unter anderem dem Berliner Münzkabinett oder der Ägyptischen Abteilung auf der Museumsinsel, genau die Exponate zukommen ließ, die dort fehlten.

Museumsdirektor Bode teilte die Begeisterung für impressionistische Malerei, wie sie etwa Hugo von Tschudi empfand, nicht; für Bode war es wichtiger, die Schätze der Vergangenheit zu bewahren und diese zu studieren, um die Kunst der Gegenwart nach ihren Maßstäben zu messen. In der Anordnung der Sammlungen war er jedoch seinerzeit wegweisend. In seinen Stilräumen zielte er darauf, den Museen ihr Image als vollgestopfte Kammern zu nehmen, in denen die Exponate verschiedenster Epochen ohne einen Bezug zueinander, dicht zusammengedrängt standen. Mit Blick auf die Innenarchitektur verzichtete er lieber auf einige Samm-

lungsstücke und stellte die ästhetische Wirkung über die chronologische Vollständigkeit. Die Kunstwerke wurden im Kontext originaler Kamine, Decken, Fußböden, Türgewände, Gobelins, Möbel und anderer Gegenstände gezeigt, die aus der jeweils gleichen Epoche stammten. In den von Bode ausgestatteten Museumssälen konnte man sich in private oder auch öffentliche Räume vergangener Zeiten versetzt fühlen. Auch die Sammlung Simons wurde, im Sinne der Stilräume Bodes, in einem eigenen »Kabinett Simon« ausgestellt, das ganz den Räumlichkeiten in dessen Villa entsprach.

Die beiden Ausstellungsgeschosse des Kaiser-Friedrich-Museums wurden komplett nach den Vorstellungen Bodes eingerichtet. Wie vordem Stüler in seiner Funktion als Architekt des Neuen Museums, so überwachte Bode als Museumsdirektor nun jedes Detail der Innenausstattung »seines« Museums. An den Wänden hingen die Bilder frei und weiträumig. Selbst die Stoff-

und Farbauswahl für die Wandbespannung traf Bode in der Regel selbst. Im Erdgeschoss beispielsweise waren die Wände mit grau- oder blaugrüner Leinwand bespannt, die Kabinette der niederländischen Malerei erhielten tiefgrünen Plüsch mit schwarzen Ornamenten, die Oberlichtsäle grüne oder rotbraun gemusterte Leinwand. Die Gesamtwirkung von Raum und Objekt zählte, auch der Lichteinfall wurde darauf abgestimmt, Oberlicht und Seitenlicht ergänzten sich, bei starker Sonneneinstrahlung konnte man die Räume mit Vorhängen abschirmen. Hier zahlten sich die Erfahrungen aus, die man bei der Beleuchtung der Kabinette in der Nationalgalerie gemacht hatte.

In James J. Sheehans »Geschichte der deutschen Kunstmuseen« heißt es über die Einrichtung des Bodemuseums: »Zwar übernahm sein Entwurf Elemente aus der Vergangenheit des Museums: die repräsentative Pracht der fürstlichen Galerie, die weihevollen Räume

der ästhetischen Kirche der Romantiker und die sichtbare Erzählung der Geschichte der Kunst, wie sie dem Gelehrten entsprach. Doch eine weitere wichtige Quelle seiner Planung war die einzigartige ästhetisch angeordnete Schau, die der Sammler mit seinen Schätzen veranstaltete.«

Bodes museumspädagogisches Konzept, das auf eine authentische und atmosphärische Gesamtwirkung zielte, wurde international zum Vorbild. Es beeinflusste zum Beispiel »The Cloisters« in New York, die seit 1938 in einem mittelalterlich anmutenden Ambiente Kunstschätze des Mittelalters präsentieren, oder das 1919 bis 1928 erbaute Philadelphia Museum of Art mit seinen »Period Rooms«, in denen komplette Originaleinrichtungen europäischer Häuser zu sehen waren. Auch in Berlin wirkten Bodes Ideen beispielgebend: Stadtbaurat Ludwig Hoffmann verfolgte mit seinem Neubau des Märkischen Museums (1901–1908) ein

ganz ähnliches Konzept und zeigte sogar am Außenbau durch eine architektonische Komposition aus Gotik und Renaissance, welcher Art die Exponate im Inneren des Museums waren. Stilräume wurden später auch im 1930 neu eingerichteten Deutschen Museum, im Nordflügel des heutigen Pergamonmuseums, eingerichtet.

Während sich Stilräume in anderen Ländern als großer Erfolg erwiesen, war man in der frühen Bundesrepublik eher zurückhaltend damit, empfand das ursprünglich so moderne Konzept als antiquiert, bezeichnete es abwertend als »Rumpelkammer«. Zu DDR-Zeiten hielt man dagegen im Bodemuseum an der Idee der Stilräume fest. Bei der Generalsanierung der Museumsinsel wurde kontrovers diskutiert, ob eine historisierende Inszenierung von Kunstwerken den heutigen wissenschaftlichen und musealen Maßstäben entsprechen könne.

Peter-Klaus Schuster, von 1999 bis 2008 Generaldirektor der Staatlichen Museen Preußischer Kulturbesitz, regte eine partielle Rückbesinnung auf die Bodesche Präsentationsmethode an. Seit der Wiedereröffnung des restaurierten Bodemuseums im Jahr 2006 gibt es dort tatsächlich wieder Stilräume, wenn auch in kleinerem Maßstab als ursprünglich. Wie zu Bodes Zeiten kann man in einigen Sälen Kamine, Plafonds, originale Portalrahmungen und andere architektonische Details sehen, die im Einklang mit den Kunstwerken einen stimmigen Gesamteindruck vermitteln.

Die »Goldene Achse«

Wer das Bodemuseum besichtigt, gelangt vom repräsentativen Eingangsbereich in die weiträumige Halle unter der großen Kuppel, von der aus eine barocke Treppenanlage in weit ausholendem Schwung in das Obergeschoss führt. Die Kuppel wird von zwei niedrigeren Halbkuppeln begleitet, die sich direkt oberhalb der beiden Treppenarme befinden. Nach dem Vorbild des Pariser Invalidendoms und des Wiener Kunsthistorischen Museums entstand unter der Kuppel eine Ruhmeshalle der Hohenzollern. Den Mittelpunkt der Halle bildet eine Kopie des Reiterstandbildes des Großen Kurfürsten von Andreas Schlüter aus dem Jahre 1696. Medaillons mit den Bildnissen preußischer Herrscher zieren die vier Hauptpfeiler: Kurfürst Friedrich Wilhelm, König Friedrich II., König Friedrich Wilhelm IV. und Kaiser Friedrich III. Wie es heißt, konnten die Monarchenbildnisse 1987 durch das große diplomatische Geschick der damaligen Museumsdirektorin Irene Geismeier wiederhergestellt werden.

Das Innere der Kuppel ist reich mit antikisierendem Stuckwerk und vergoldeten Bronzereliefs dekoriert. Säu-

Reiterstandbild »Der Große Kurfürst« von Andreas Schlüter unter der großen Kuppel, 1987, (oben) und 1991 (unten)

len- und Pilasterpaare aus rötlichem Stuckmarmor, vergoldete Kapitelle und schmiedeeiserne Geländer machen den Raum zu einem monumentalen neubarocken Gesamtkunstwerk.

Der großartige Auftakt des Museums setzt sich in der so genannten »Goldenen Achse« fort, einer Reihung von Repräsentationsräumen. Von der Hauptachse gehen im Westen ein, im Osten zwei Verbindungstrakte zu den Außenflügeln ab. Insgesamt hat das fächerförmig aufgebaute Museum fünf Innenhöfe, die für Belichtung der Ausstellungsräume sorgen; die Räume im Obergeschoss haben zusätzliche Oberlichter. Vier der fünf Höfe wurden während der letzten Instandsetzung des Museums zwischen 2000 und 2006 für einen Besucherrundgang mit Skulpturenausstellungen im Freien erschlossen.

Nach der monumentalen Eingangshalle gelangt der Besucher in die so genannte Kamecke-Halle, in der sich

Figuren aus der im Zweiten Weltkrieg zerstörten Villa Kamecke befinden. Wichtigster Raum der »Goldenen Achse« und Herzstück des gesamten Museums ist die so genannte Basilika, die dem Innenraum der italienischen Renaissancekirche San Salvatore al Monte in Florenz, einem Bau des 15. Jahrhunderts, nachgestaltet wurde. Der überwölbte Raum reicht über beide Geschosse, in die Längswände sind kapellenähnliche Nischen eingelassen, in denen Gemälde, Plastiken und Kircheninventar ausgestellt sind.

Bode hatte seinerzeit zahlreiche Kunstwerke der italienischen Renaissance erworben, und bis heute bildet die Italienabteilung einen Sammlungsschwerpunkt des Museums. Die glasierten Terrakotten von Luca und Andrea della Robbia, die Büsten von Desiderio da Settignano, Francesco Laurana und Mino da Fiesole sowie die Pazzi-Madonna von Donatello zählen zu den Glanzpunkten der Skulpturensammlung. Die Basilika

grenzt an das Pendant zur Eingangshalle, ein in den Formen des friderizianischen Rokoko gestaltetes zweites Treppenhaus. Mit diesem Raum endet die Mittelachse.

Der kreisförmige Treppenraum wird von einer kleinen Kuppel überwölbt. In den mit Marmor verkleideten Wandnischen, die durch doppelte Pilaster voneinander getrennt sind, stehen Bildwerke des Spätbarock und des beginnenden Klassizismus. Unter anderem sind hier die Statuen preußischer Feldherren zu sehen, einst geschaffen zur Aufstellung auf dem Berliner Wilhelmplatz, von dem sie jedoch 1862 entfernt wurden. Dem Kunstkreis der friderizianischen Epoche zugeordnet wurden auch die Kopie der Marmorstatue Friedrichs II. von Gottfried Schadow sowie Marmorfiguren von Venus und Merkur von Jean Baptist Pigalle.

Auf dem Rundgang durch das Erdgeschoss gelangt der Besucher zu Hauptwerken mittelalterlicher Skulp-

Herzstück des Museums: Die der Renaissancekirche San Salvatore al Monte in Florenz nachgestaltete »Basilika«, 1919

tur, wie der Madonna des Presbyters Martinus oder dem Schmerzensmann von Giovanni Pisano, der vom Mittelalter zu den Meisterwerken der Frührenaissance überleitet. Auch wichtige Werke deutscher spätgotischer Künstler wie Hans Multscher, Hans Brüggemann und Hans Leinberger sind hier zu finden, darunter bedeutende Teile eines Altars von Tilman Riemenschneider. Der Altar ist knapp 15 Meter hoch und stammt vom Ende des 15. Jahrhunderts. Auch eindrucksvolle Beispiele baugebundener mittelalterlicher Plastik gehören zum Bestand des Museums. An der Südseite, in Richtung Stadtbahn, ist ein Hauptwerk der deutschen Romanik, die Gröninger Empore aus dem Jahre 1170, ausgestellt.

Gleichermaßen im Erdgeschoss, an der Spreeseite, ist eine in Deutschland einzigartige Sammlung von spätantiken und byzantinischen Kunstwerken und Alltagsgegenständen zu sehen. Schwerpunkt ist die Kunst des Weströmischen und des Byzantinischen Reiches vom 3.

bis zum 15. Jahrhundert. Die Exponate kommen aus nahezu allen Gegenden des antiken Mittelmeerraumes, aus Italien, Griechenland, der Türkei und Ägypten, ebenso aus Nubien, Äthiopien, Nordafrika und den Ländern des Nahen Ostens – kurz, aus den Staaten, die das Erbe der byzantinischen Kultur angetreten haben.

Vier unverwechselbare Schwerpunkte der Berliner Sammlung sind heute: Erstens spätantike römische Sarkophage (bzw. deren Fragmente), die dem Betrachter ein Panorama der frühchristlichen Ikonographie aus der Hauptstadt des Weströmischen Reiches zeigen. Zweitens der Bestand an figürlicher und ornamentaler Skulptur aus dem Oströmischen Reich, in einer stilistischen Vielfalt, die sonst wohl nur im Archäologischen Museum in Istanbul zu finden ist. Drittens kostbare Elfenbeinschnitzereien und Ikonen in Mosaiktechnik, die vom hohen Standard byzantinischer Hofkunst zeugen. Vierter Schwerpunkt ist die Welt der frühen Kopten, in

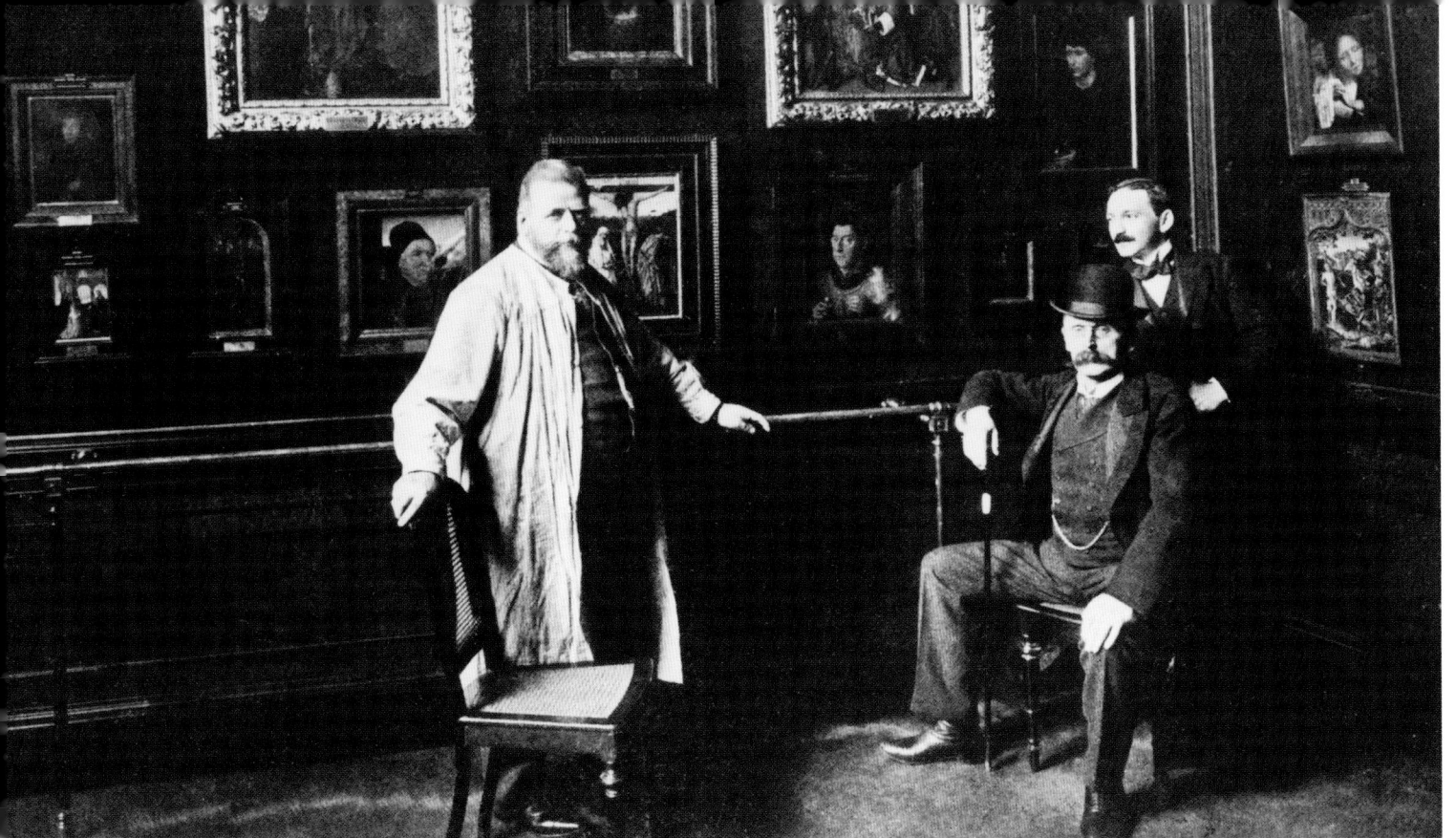

Wilhelm von Bode
(sitzend) mit dem Res-
taurator Aloys Hauser
(links) und dem späte-
ren Direktor der Gemäl-
degalerie, Max Fried-
länder, in der
Gemäldegalerie im
Alten Museum, 1900

die der Betrachter über das Kennenlernen kultischer und alltäglicher Gegenstände eingeführt wird. Einige der Fundstücke verdanken ihre Erhaltung allein dem Wüstenklima Ägyptens.

Im Obergeschoss des Museums befand sich unter Wilhelm von Bode die Gemäldegalerie, die 1904 als Ganzes aus dem Alten Museum übernommen wurde. In der Einleitung zum »Führer durch das Kaiser Friedrich-Museum« von 1904 ist zu lesen: »Im oberen Stock sind in dem Flügel an der Spree bis an das hintere Treppenhaus die Gemälde der italienischen Schulen nebst den kleineren italienischen Bildwerken, in dem Flügel am Kupfergraben die der deutschen, niederländischen, französischen und spanischen Schulen aufgestellt.« Seit 1997 befindet sich die Gemäldegalerie nun am Kulturforum am Potsdamer Platz, wo die im Zweiten Weltkrieg und durch die deutsche Teilung auseinander gerissene Sammlung wieder vereinigt werden konnte. Neueste Pla-

nungen sehen vor, sie von dort wieder zurück in das Bodemuseum zu verlagern und mit den Beständen der Skulpturensammlung unter einem Dach zu vereinen. Dazu wäre allerdings ein Erweiterungsbau notwendig, der mit dem Bodemuseum funktional und inhaltlich verbunden ist – erste Ideen und Entwürfe dafür gibt es.

Wo um 1900 noch die Gemäldegalerie beheimatet war, befinden sich heute weitere Teile der Skulpturensammlung. Die Ausstellung umfasst europäische Kunstwerke, im Wesentlichen aus Deutschland, Frankreich und Italien, aber auch aus den Niederlanden; der zeitliche Rahmen spannt sich von der Renaissance über den Barock zum Klassizismus.

Ebenfalls im Obergeschoss liegt das Tiepolo-Kabinett, ein kleiner, in den Farben Altrosa und Weiß gehalter Raum mit 22 Fresken in Grisaille-Technik, die der Maler Giovanni Battista Tiepolo 1759 für den Palazzo Volpato-Panigai im norditalienischen Nervesa geschaf-

Die Fassade von
Mschatta, ein Geschenk
des Sultans Abdülha-
mid II. an Kaiser Wil-
helm II., 1904

Abbruch der Mschatta-
Fassade vor dem Trans-
port ins Pergamonmu-
seum, 1931/1932

Der Grundriss des Obergeschosses, 1910

fen hatte. Bode hatte sie 1899 nach Berlin geholt und in seinem Museum platziert. Das Kabinett mit seinem reichem Stuckwerk in den Formen spätbarocken Bandelwerks wurde im Zweiten Weltkrieg total zerstört und ist während der letzten Generalinstandsetzung mit großem Aufwand rekonstruiert worden; als Vorlage diente ein Schwarz-Weiß-Foto aus einem Museumskatalog von 1904.

Nachträglich hatte man in das Kaiser-Friedrich-Museum das Münzkabinett und das 1904 ebenfalls von Bode gegründet Islamische Museum integriert. Vorausgegangen war 1898 die Gründung der Deutschen Orient-Gesellschaft (DOG) durch James Simon, die unter dem Schutz von Kaisers Wilhelm II. stand. Die DOG hatte es sich zur Aufgabe gemacht, die Funde aus ihren Grabungskampagnen im Orient kostenfrei dem Museum zur Verfügung zu stellen. Den Grundstock des Islamischen Museums bildete neben der Privatsammlung

Bodes, die orientalische Teppiche umfasste, die Fassade des Wüstenschlosses Mschatta (erbaut 743–744 n. Chr.), die heute im Pergamonmuseum zu bewundern ist. Der osmanische Sultan Abdülhamid II. schenkte die reich ornamentierte Fassade aus Kalkstein, die aus der Nähe der jordanischen Hauptstadt Amman stammt, Anfang des 20. Jahrhunderts dem deutschen Kaiser Wilhelm II. Bode ließ sie zunächst im Erdgeschoss des Kaiser-Friedrich-Museums aufstellen, aber wegen der beengten räumlichen Verhältnisse war eigentlich von vornherein klar, dass diese Präsentation nur eine temporäre Lösung sein konnte. Die Idee, eine ganze Fassade von immerhin mehr als 47 Metern Länge museal zu präsentieren, erwies sich allerdings als wegweisend. Es war das erste Mal, dass große Architekturfragmente innerhalb eines Museums ausgestellt wurden. Im Jahr 1932 wurde die Mschatta-Fassade in den Südflügel des Pergamonmuseums in einen Saal mit Oberlicht umgesetzt.

Die Münzsammlung hatte erst 1868 den Status eines eigenständigen Museums innerhalb der Königlichen Museen Preußens erhalten. Heute ist das Münzkabinett im Bodemuseum mit seinen etwa 500 000 Objekten eine der größten numismatischen Sammlungen der Welt. Der Bestand umfasst über 100 000 griechische und etwa 50 000 römische Münzen. Zu den nachantiken Sammlungsstücken zählen 160 000 europäische Münzen aus der Zeit des Mittelalters und der Neuzeit sowie 35 000 orientalische Münzen. Eine Papiergeldsammlung und eine Sammlung historischer Siegel ergänzen den Münzschatz. Den Zweiten Weltkrieg überstand die Sammlung im Luftschutzkeller des Pergamonmuseums, direkt nach dem Krieg wurde sie in die Sowjetunion gebracht, von wo sie in den 1950er Jahren in die DDR zurückkehrte.

Heute sind die Münzen und Medaillen hauptsächlich in sechs Räumen des Obergeschosses, orientiert zur Kup-

fergrabenseite, ausgestellt. Im Untergeschoss befinden sich die numismatische Spezialbibliothek und einige Spezialräume, die nur nach Voranmeldung besichtigt werden können.

Viele der äußeren Räume des Kaiser-Friedrich-Museums wurden im Zweiten Weltkrieg zerstört, die Schäden an der »Goldene Achse« blieben dagegen verhältnismäßig gering. Unmittelbar nach Kriegsende wurde das Haus in »Museum am Kupfergraben« umbenannt, denn eine Bezeichnung, die den Namen eines Kaisers trug, konnte man in jener Zeit in Ostberlin unmöglich dulden. Ab 1956 erhielt das Museum dann den Namen seines Gründers und heißt seitdem Bodemuseum. In der DDR wurde es in mehreren Etappen wiederhergestellt: von der Kuppel im Jahre 1952 über die Basilika 1960 bis zu den Innenräumen 1987. Von 1979 bis 1997 konnte man hier die Ausstellungen des Ägyptischen Museums mit der Papyrussammlung, das Museum für Ur- und Früh-

Das Bodemuseum im Überblick

Name	Kaiser-Friedrich-Museum (seit 1904) Museum am Kupfergraben (seit 1951) Bodemuseum (seit 1956)
erbaut	1897–1904
Architekt(en)	Ernst von Ihne
eröffnet	1904
Sanierungen	Schrittweise Sanierung seit den 1950er Jahren bis 1987 1999–2006 (Heinz Tesar, von 1999–2003 in Projektpartnerschaft mit Hella Rolfes)
Sammlungen / Dauer- ausstellungen heute	Skulpturensammlung mit Werken der Gemäldegalerie Münzkabinett und Museum für Byzantinische Kunst

Die zerstörte Kuppel,
1951/1952

geschichte, das Münzkabinett, die Skulpturensammlung und die Gemäldegalerie sowie die frühchristlich-byzantinische Sammlung besuchen.

Heute beherbergt das Bodemuseum die Skulpturensammlung und das Museum für Byzantinische Kunst mit Werken der Gemäldegalerie sowie das Münzkabinett. Im Oktober 2006 wurde das Haus nach knapp sechsjähriger Renovierung wieder eröffnet. Verantwortlich für die umfassende Sanierung war der österreichische Architekt Heinz Tesar. Das Staunen über die geglückte architektonische Erschließung des aufgrund seines monumentalen Historismus einst so stark kritisierten Museums erklärte der Kunstkritiker Gottfried Knapp 2008 folgendermaßen: »Mit der neuen, auf Wesentliches reduzierten, quasi entmythologisierten Ausstattung wurde der vorher notorisch unterschätzte, oft unsachlich geschmähte Bau als Erlebnisort der besonderen Art entdeckt und gerühmt: als ein auf Bildwerke rücksichtsvoll reagierendes Gehäuse, aber auch als ein atmosphärisch ergiebiger Tempel der bildenden Künste, der (…) den repräsentativen Part mit einiger Würde übernehmen konnte, aber auch funkti-

onal und baukünstlerisch seinen immer schon hochgeschätzten Geschwistern auf der Museumsinsel in nichts nachsteht. (…) Der Ihne-Tesar-Bau muss sich im Verband der Schinkel-, Stüler- und Messel-Bauten für den Ehrenplatz, den er auf der Spitze der Museumsinsel einnimmt, nicht mehr entschuldigen.«

Das behutsame denkmalpflegerische Konzept Heinz Tesars steht im Einklang mit baulichen Ergänzungen, die als solche auch deutlich erkennbar sind, wie das neue Treppenhaus in einem der Innenhöfe. In den beiden Kuppelsälen und der Basilika wurden die originalen Fassungen aus der Kaiserzeit freigelegt, Marmorböden ergänzt und gesäubert, Risse jedoch sichtbar belassen. Wichtiger Teil der neuen Konzeption war die Vorbereitung eines Anschlusses an die »Archäologische Promenade«, mit der ein direkter Übergang zum Pergamonmuseum geschaffen wird. Tesar legte den Übergang in das Untergeschoss, zwei Etagen unterhalb der Kuppelrotunde, und schuf dabei noch einen zusätzlichen eindrucksvollen Ausstellungsraum, der beim Anschluss an die Promenade die museale Welt am nördlichen Ende der Museumsinsel bereichern wird.

Blick auf die Wasserfront an der Spree, 2011

DAS PERGAMONMUSEUM

Ein Provisorium für spektakuläre Funde

Obwohl Wilhelm II. dem Bau des Kaiser-Friedrich-Museums zunächst den Vorzug gegeben hatte, erwies sich die Errichtung des ebenfalls geplanten Antikenmuseums auf dem Bauplatz zwischen Neuem Museum, Nationalgalerie und Bahntrasse bald schon als dringend notwendig. Im Auftrag der Berliner Museen hatten nämlich deutsche Ausgräber – insbesondere der Straßenbauingenieur Carl Humann, der Archäologe Alexander Conze und der Bauforscher Wilhelm Dörpfeld – seit Mitte der 1870er Jahre umfangreiche und spektakuläre Funde im Osmanischen Reich gemacht.

Anders als Griechenland, dessen Antikengesetz grundsätzlich die Ausfuhr von Altertümern untersagte, gestattete die Osmanische Regierung den preußischen Forschern, einen Großteil ihrer Funde nach Berlin zu schicken. Humann hatte in der Stadt Bergama, dem antiken Pergamon, in einer byzantinischen Mauer antike Marmor-Friesplatten entdeckt, die man zunächst im Alten Museum ausstellte – ohne zu wissen, dass es sich um Teile des großen Altars der Stadt handelte. Als Alexander Conze im Jahr 1877 Direktor der Berliner Skulpturensammlung wurde, bat er Humann, seine Grabungen in Pergamon zu intensivieren – mit dem Ergebnis, dass bis zum Ende der ersten Ausgrabungskampagne im Jahr 1880 insgesamt 97 Platten des äußeren Altarfrieses (Gigantenfries), 35 Platten des kleineren Frieses aus dem Inneren des Altars (Telephosfries) und über 2 000 weitere Fragmente gefunden werden konnten.

1880 wurde ein Teil der Friesplatten in der Rotunde des Alten Museums gezeigt. Doch ein eigener Bau zur

Das Pergamonmuseum aus der Luft, o. J.

Linke Seite:
Blick in den Ausstellungssaal »Antike Kopien griechischer Werke«

Präsentation des gesamten Altares, der zum vielbeachteten Kernstück der Berliner Antikensammlungen werden sollte, wurde unabdingbar.

Da es an finanziellen Mitteln mangelte, wurde zunächst nur ein Provisorium errichtet, der vom Architekten Fritz Wolff entworfene so genannte »Interimsbau«, in dem der Pergamonaltar von 1901 bis 1908 seine Heimat fand. Das damals bereits als »Pergamonmuseum« bezeichnete Gebäude bestand nur aus einem großen Oberlichtsaal mit einer Grundfläche von etwa 50 mal 50

Das erste Pergamonmuseum, 1901 eröffnet und 1909 bereits wieder abgerissen, Postkarte von 1905

Der Telephossaal im
Interimsbau, 1901

Der Pergamonaltar im
Interimsbau, nördliche
Treppenwange, 1901

Metern, einer Art Einhausung für den Altar, der als Rekonstruktion in der Mitte des Raumes stand. In seinem Inneren verbarg sich ein zweiter, kleinerer Oberlichtsaal, der Telephossaal, in dem weitere antike Fundstücke ausgestellt wurden. Der Gigantenfries konnte von einem Umgang aus studiert werden, der an den vier Außenwänden des Altars entlang führte. Aufgrund der geringen Gebäudegröße betrug allerdings der Abstand, den der Betrachter zum Fries haben konnte, maximal 8,50 Meter, eine Tatsache, die damals bedauert wurde. 1907 schrieb zum Beispiel der Architekt Albert Hofmann in der Deutschen Bauzeitung: »Der Besucher tritt (...) unmittelbar vor den Altar, leider etwas zu unmittelbar, denn es ist schmerzlich zu beklagen, dass eine übertriebene Sparsamkeit den Architekten gezwungen hat, alle Bauabmessungen so bescheiden zu halten, dass der Besucher« nicht genügend Abstand bekommt, »um den machtvollen Eindruck des Altarbaus (...) auf sich einwirken zu lassen.« Kritisiert wurde damals auch von vielen, dass der in der Mitte der Freitreppe angelegte Durchgang zum Telephossaal die grandiose Wirkung der Anlage zunichte machte.

Von der äußeren architektonischen Form her orientierte sich Wolffs Museumsbau an der Schinkel-Schule und erinnerte sogar ein wenig an die Schinkelwache in Dresden. Die Fassade war mit Sandstein verkleidet und mit wenigen antikisierenden Details geschmückt, das flache Giebeldach über dem Haupteingang von Akroterien gekrönt. Nur sieben Jahre nach seiner Eröffnung musste der Interimsbau abgerissen werden, nachdem sich aufgrund von Gründungsschäden und der ständigen Erschütterung durch die in unmittelbarer Nähe vorbei fahrende Stadtbahn bedrohliche Risse gezeigt hatten.

Drei Museen in einem Haus

Der Abriss des Interimsbaus machte Platz für das letzte der fünf Museen auf der Museumsinsel. Wilhelm von Bode hatte bereits 1907 gemeinsam mit allen Sammlungs-Direktoren eine »Denkschrift betreffend Erweiterungs- und Neubauten bei den Königlichen Museen in Berlin« erarbeitet, die vom Abgeordnetenhaus, der zweiten Kammer des preußischen Parlaments, positiv aufgenommen wurde. In der Denkschrift wurden gleich drei neue Museumsbauten und verschiedene Erweiterungen gefordert: Ein 2 500 Quadratmeter umfassender Bau für die vorderasiatische Kunst, der an die Nordseite des Neuen Museums anschließen sollte, und ein zweites Bauwerk mit einer Grundfläche von 70 mal 40 Metern, das dauerhaft genügend Platz für die deutsche Kunst bieten sollte – möglichst mit direkter Verbindung zum Kaiser-Friedrich-Museum. Für die Antikenabteilung wurden 2 000 Quadratmeter Fläche gefordert, die man zunächst noch im Zusammenhang mit einer Erweiterung des Interimsbaus sah, was sich aber als nicht haltbar erwies.

Zwischen Neuem Museum und Kupfergraben sollte ein niedriger Bau die Ägyptische Sammlung um 3 000 Quadratmeter Ausstellungsfläche und 2 000 Quadratmeter Magazinfläche erweitern. Ergänzend zu Museen und Magazinen wünschte man noch einen Verkaufsraum für die Gipsformerei und einen Erfrischungsraum – in gewisser Hinsicht war die Denkschrift ein früher Masterplan für die Museumsinsel. Auch die Auslagerung der völkerkundlichen Sammlungen in einen neuen Museumskomplex in Berlin-Dahlem wurde 1907 erstmals angedacht.

Hatte Bode für die Errichtung des Kaiser-Friedrich-Museum noch den vom Kaiser präferierten Ernst Eberhard von Ihne akzeptieren müssen, konnte er nun Alfred Messel als Architekten seiner Wahl durchsetzen. Messel, der von 1896 bis 1907 das damals sensationelle, weil mit durchgehenden vertikalen Verglasungen versehene Kaufhaus Wertheim in der Leipziger Straße erbaut hatte, galt Wilhelm II. als »Hypermoderner«. Trotzdem erhielt er den Auftrag und kämpfte sich durch das umfangreiche von der Denkschrift vorgegebene Raumprogramm auf ungünstigem Baugrund, der von der Stadt-

bahn und von stilistisch sehr verschiedenartigen anderen Museumsbauten umgeben war. Typisch für Messels Architektursprache war seine Hinwendung zur Moderne, zur Sachlichkeit. Seine Bauten wurden zunehmend von Lisenen gegliedert, die historistische Dekoration, die viele seiner Zeitgenossen immer noch favorisierten, trat bei ihm immer mehr in den Hintergrund. Messel, der heute nur noch wenig bekannt ist, gilt als ein Vorreiter der architektonischen Moderne. 1907 wurde er offiziell zum Architekten der Königlich Preußischen Museen ernannt.

Messel legte Vorschläge vor, nach denen ein Haus alle drei Museen unter einem Dach vereinen sollte: das Antikenmuseum, das Deutsche Museum und das Vorderasiatische Museum. Er entwarf zu diesem Zweck einen monumentalen Dreiflügelbau mit Ehrenhof, der sich parallel zur Bahntrasse zwischen das Bodemuseum und die anderen drei Museen schob. Diese Grundrissform

stammt ursprünglich aus dem Barock und ist in Berlin zum Beispiel beim Schloss Charlottenburg oder beim Palais des Prinzen Heinrich, der heutigen Humboldt-Universität, zu finden. Wahrscheinlich ließ Messel sich aber auch von der Form des Pergamonaltars inspirieren. Den Zugang zum Ehrenhof, der die drei Museen verband, legte er in den Westen, in Form einer Brücke über den Kupfergraben. Damit führte er Ihnes Idee weiter, die Westseite der Insel zur Schauseite zu machen. Er plante auch Kolonnaden zwischen den Stirnseiten der beiden Seitenflügel, die den Ehrenhof zu einem Forum umschlossen hätten, von dem aus ein tempelartiger Eingangsbau in den Mittelflügel mit dem Pergamonaltar führen sollte.

Auf Wunsch des Kaisers wurden die Fassaden mit fränkischem Muschelkalk statt mit Sandstein verkleidet. Wilhelm II. mochte die Verfärbungen nicht, die aufgrund der hohen Luftfeuchtigkeit in Deutschland am

Entwurf für den Ausbau der Museumsinsel, Alfred Messel, veröffentlicht 1912

Sandstein entstehen konnte. Auch die Sandsteinfassade am Stadtschloss war ihm suspekt. Theodor Wiegand zitiert ihn in seinen Tagebüchern mit dem Ausspruch: »Mir fallen am Schloss die Fensterbänke herunter und die Polizei war schon zweimal bei mir.«

Messel ließ die Seitenflügel in repräsentativen Tempelfronten enden, die von wuchtigen Halbsäulen mit dorischen Kapitellen gegliedert wurden. Die Formen sind der griechischen Antike entlehnt, aber im Unterschied zur Fassade des Bodemuseums wirken sie sehr sachlich und beinahe modern, fast ohne jedes dekorative Element – sieht man von angedeuteten Schlusssteinen über den Rundbogenfenstern einmal ab. Die Fassade des Hauptbaus war fensterlos, das Licht sollte in die Innenräume über abgehängte Decken kommen, in denen hinter Milchglasscheiben Beleuchtungskörper angebracht waren – ein Konzept, das bis heute beibehalten wurde.

Am 22. August 1907 hatte Messel alle Entwurfszeichnungen fertig gestellt, die Ausführung des Baus war vom Kaiser und vom Abgeordnetenhaus genehmigt. Die einzige Bedingung war, dass die Kosten nicht mehr als 11 Millionen Mark betragen durften und der Bau in drei Abschnitten ausgeführt wurde. Das neue Museum sollte mit einer Grundfläche von 10 500 Quadratmetern der größte der fünf Inselbauten werden. Messel selbst jedoch erlebte die Fertigstellung nicht, denn er starb nach schwerer Krankheit im März 1909, noch bevor die Bauarbeiten richtig begonnen hatten. Wie der Architekturhistoriker Gerd Poeschken es treffend ausdrückte, hatte er »von seinem Bau außer Gründungsanstalten nichts gesehen; alles Aufgehende ist postum«. Vor seinem Tod hatte Messel allerdings seinem Freund und Studienkollegen, dem Berliner Stadtbaurat Ludwig Hoffmann, das Versprechen abgenommen, den Bau in seinem Sinne weiterzuführen – so wie einst beim Bau der Nationalga-

lerie Johann Heinrich Strack das Werk Stülers vollendet hatte. Seit ihrer Kindheit waren sie befreundet, die beiden Hauptarchitekten des Pergamonmuseums. Beide sind in Darmstadt geboren, nach ihrer schulischen Ausbildung studierten sie zusammen Architektur, zunächst an der Kunstakademie in Kassel, dann an der Berliner Bauakademie.

Bode schrieb 1910 in einer Art Nachruf im Jahrbuch der Königlich Preußischen Kunstsammlungen: »Es ist Messel gelungen, nicht nur alle Bauten auf der Museumsinsel in vollem Umfange unterzubringen, sondern er hat es verstanden, diese so zu legen und mit den vorhandenen Bauten so zu verbinden, dass dadurch ein großes zusammenhängendes Ganzes entsteht und dass ein weiträumiger Ehrenhof mit dem mächtigen Pergamonmuseum als Abschluss das wirkungsvolle Zentrum sämtlicher Bauten der Museumsinsel bildet. Er ist den Anforderungen der einzelnen Sammlungen in ungeahn-

ter Weise gerecht geworden; er hat im Äußeren den sehr verschiedenartigen älteren Bauten von Schinkel, Stüler, Strack und Ihne sich anzupassen gewusst und doch etwas ganz Eigenartiges, Großes geschaffen, wodurch er zugleich die Nachbarbauten hebt und verbindet.«

Das unvollendete Projekt

Ludwig Hoffmann nahm beim Bau des Pergamonmuseums von Anfang an zahlreiche Änderungen in den Plänen Messels vor. Deutlich ist zu erkennen, dass seine Architekturauffassung wesentlich konventioneller war als die seines verstorbenen Freundes. Anders als bei Messel waren die Bauten Hoffmanns deutlich dem Historismus verpflichtet. Sein Werk wurde, im Zuge der Kritik am Historismus, für lange Zeit ebenso kritisch

bewertet. Der Wert seiner Bauten wurde erst spät anerkannt, immerhin schrieb 1956 der große Meister der Moderne, Ludwig Mies van der Rohe: »Ja, ja, der Hoffmann, dem haben wir alle Unrecht getan!«

Der Stadtbaurat erhöhte den gesamten Museumsbau um fünf Meter, indem er ein Untergeschoss hinzufügte, was zu völlig veränderten Zugangswegen führte. Die beiden Giebeldreiecke an den Stirnseiten der Seitenflügel flachte er ab und fügte ein Gebälk ein. Damit näherte er sich zwar stärker den klassischen Formen eines griechischen Tempels, die Fassade büßte auf diese Weise aber viel von der Modernität ein, die Messel ihr in den Formen der Neuen Sachlichkeit gegeben hatte. Im Inneren hatte Messel viele dem Stil der Exponate angepasste Räume vorgesehen, die mittelalterliche Sammlung des Deutschen Museums sollte von romanischen und gotischen Formen umgeben werden, die sich an wichtigen Bauten des Mittelalters wie etwa dem Kölner Dom

orientierten. Hoffmann ersetzte diese Räume – gegen den Widerstand Bodes, der das Prinzip der Stilräume ja auch im Kaiser-Friedrich-Museum angewandt hatte – durch eine schlichtere, das einzelne Objekt in den Vordergrund stellende Umgebung. Ganz dekorlos waren diese Räume aber dennoch nicht: Hoffmann entwarf so genannte »abstrakte Stilräume«, die keinem erkennbaren Vorbild folgten, sondern rein historisierend waren. Doch nicht nur die Inneneinrichtung des Museums war Anlass für Diskussionen, auch die Änderungen in der Fassade führten zu Verdruss, denn Hoffmann hatte vieles davon nicht mit den Museumsdirektoren abgesprochen.

Nachdem durch den Abriss des Wolffschen Interimsbaus und einiger Nebengebäude die notwendige Baufreiheit geschaffen worden war, musste man sich, stärker noch als bei den anderen Museen, mit Problemen bei der Gründung auseinandersetzen. Der gesamte

Südflügel des Pergamonmuseums wurde direkt auf eiszeitlichem Kolk errichtet, einer 50 Meter tiefen und mehr als 200 Meter langen mit Schlamm gefüllten Bodenspalte. Wieder mussten unzählige Holzpfähle in den Boden gerammt werden. Auf einer zehn Meter dicken Sandschicht wurde dann ein Eisenbetongewölbe als eigentliches Fundament errichtet, eine Konstruktion, die sich bis heute als tragfähig erwiesen hat. Allein die Fundamentierung zog sich über vier Jahre. Hoffmann nutzte diese Zeit und ließ probeweise große hölzerne Modelle von Fassadenteilen errichten, um die Wirkung seiner Entwürfe zu prüfen und erneut Änderungen vornehmen zu können.

Der Erste Weltkrieg verzögerte den Bau, 1916 kam es sogar zu einer vollständigen Unterbrechung, bis in den 1920er Jahren wenigstens die Dacharbeiten abgeschlossen werden konnten. Krieg, Inflation und Weltwirtschaftskrise waren weitere Hindernisse bei der Voll-

endung des Bauwerks. 1930 wurden dann das Pergamonmuseum mit den beiden Architektursälen, dem Hellenistischen Saal und dem Miletsaal, und das Deutsche Museum im Südflügel eröffnet, ohne vollständig fertig geworden zu sein.

Der Außenbau und Teile der Außenanlagen blieben unvollendet, der Eingangsbau vor dem Mittelflügel wurde nicht errichtet, der Ehrenhof blieb ungepflastert. Auch die geplanten Kolonnaden am Kupfergraben wurden nie gebaut. Noch heute kann man die Anschlussstellen an den Kopfbauten der beiden Flügel links und rechts des Hofes erkennen.

1932 folgte im Obergeschoss des Südflügels die Eröffnung des Islamischen Museums, das sein Domizil zuvor im Kaiser-Friedrich-Museum gehabt hatte. Zwei Jahre später wurde im Erdgeschoss das Vorderasiatische Museum mit hethitischen, assyrischen, babylonischen und persischen Kunstwerken eröffnet. Die ersten vor-

Bauarbeiten am Nord-
flügel, 1911 (oben), am
Südflügel, 1912 (unten
links), Baugerüst, 1912
(unten rechts)

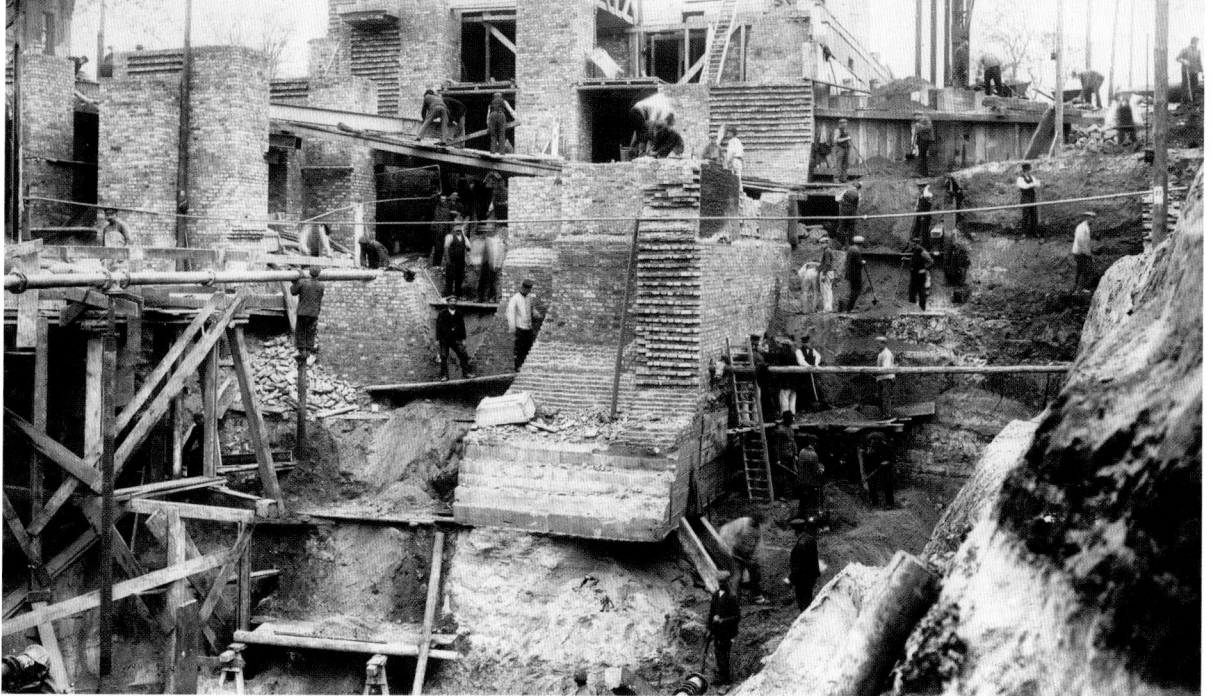

Aus der Baudokumen-
tation des Pergamon-
museums: Gewölbe
1912 (oben links),
Nordflügel 1916 (oben
rechts), Fundamentie-
rung 1911 (unten)

derasiatischen Sammlungsstücke hatte man ursprünglich im Alten Museum ausgestellt, 1885 wurden sie ins
Neue Museum überführt, um schließlich im Pergamonmuseum ihren eigenen Ausstellungsflügel zu bekommen.

Das »Wiegandsche Konzept«

Die Sammlungen des Pergamonmuseums sind für die
meisten Besucher sicherlich der Höhepunkt ihres Auf-
enthaltes auf der Museumsinsel. Wie kaum ein anderes
Museum der Welt vereint es riesige Architekturrekons-
truktionen aus unterschiedlichen Zeiten und Stilen:
Bauwerke aus der griechischen und römischen Antike,
islamische Architektur und Bauten des Vorderen Ori-
ents. Die Antikensammlung nimmt – mit Ausnahme des
zum Vorderasiatischen Museum gehörenden Teils – das

gesamte Erdgeschoss, früher auch noch das Obergeschoss, des Nordflügels ein. Nach der Umsetzung großer Bestände der Antikensammlung in das Alte Museum im Jahre 2010, ist das Obergeschoss des Nordflügels
nicht durchgängig für das Publikum geöffnet, sondern
Sonderausstellungen vorbehalten.

Herzstück des Pergamonmuseums sind die drei großen Architektursäle, deren Konzept nach dem Klassischen Archäologen und Museumsfachmann Theodor
Wiegand manchmal auch als »Wiegandsches Konzept«
bezeichnet wird. Als Direktor der Antikenabteilung war
Wiegand ab 1912 für den Aufbau und die Einrichtung
des Pergamonmuseums verantwortlich. Er war gegen
Ende des 19. Jahrhunderts an Grabungen auf der Athener Akropolis beteiligt gewesen, später als Assistent von
Carl Humann nach Priene gegangen und hatte nach dessen Tod 1896 selbst die Ausgrabungen in der kleinasiatischen Stadt geleitet. Von 1899 bis 1911 arbeitete er an

der Freilegung der antiken Weltstadt und Handelsmetropole Milet, wo er die Architektur der römischen Kaiserzeit zu schätzen lernte, nachdem sich seine Hoffnung, die einstige archaische Stadt, das Milet der Naturphilosophen Thales und Anaximander zu finden, nur teilweise erfüllt hatte – zu sehr war die Stadt während des Ionischen Aufstandes 494 v. Chr. durch die Perser zerstört worden. Stattdessen fand man Beispiele der hellenistisch-römischen Architektur, darunter das berühmte Markttor von Milet, das zu einem der Hauptwerke im Berliner Pergamonmuseum wurde. Auch an den Grabungen in Pergamon war Wiegand beteiligt, allerdings erst zu einer Zeit, als er schon lange hauptamtlich mit Fragen der Präsentation antiker Fundstücke im Pergamonmuseum beschäftigt war.

Der Pergamonaltar war zugleich Hauptattraktion und Namensgeber des Museums. Der dem Zeus und der Athena geweihte Altar bildete die wichtigste Kultstätte in der antiken Stadt Pergamon. Die beiden Friese waren in jahrzehntelanger wissenschaftlicher Arbeit, maßgeblich durch den Archäologen Otto Puchstein, rekonstruiert worden. Anders als zuvor im Interimsbau konnte der Altar nach Messels Plänen nicht mehr von allen Seiten umgangen werden; nur der westliche Teil des Gigantenfrieses fand seinen Platz direkt an der Rekonstruktion des Altars, die übrigen Teile wurden an den drei freien Wänden des Saals angebracht. Der Telephosfries erhielt wieder einen eigenen Raum, den man aber nun über die – diesmal in ganzer Breite ausgeführte – Freitreppe erreichte.

Der Fries, der aus der Zeit um 165 v. Chr. stammt, zeigt die Lebensgeschichte des Telephos, des Gründers von Pergamon und mythischen Ahnherren des Königshauses. Seine Taten werden eingebettet in wichtige Wendepunkte seines Lebens, in schicksalhafte Zusammenhänge. So steht nicht der Glanz der einzelnen Tat im Mittelpunkt, sondern sein Leben als Ganzes wird an wechselnden Schauplätzen, in aufeinanderfolgenden Bildern erzählt. Die geruhsame Erzählweise unterscheidet sich von der pathetischen Darstellung auf dem

Gigantenfries. Hier steht der Kampf im Mittelpunkt, die Kraft des Augenblicks, in dem die Götter gegen die Giganten kämpfen.

Der Saal links vom Pergamonaltar ist der Hellenistische Saal, in dem griechische Architekturfragmente und Skulpturen aus dem 6. bis 1. Jahrhundert v. Chr. ausgestellt sind, darunter das Standbild der Athena Parthenos aus Pergamon, rekonstruierte Säulenpaare des Tempels der Athena aus Priene und des Artemis-Tempels aus Magnesia. Vom Hellenistischen Saal aus gelangt man in den Seitentrakt des Nordflügels, in dem sich einst das »Deutsche Museum« oder auch »Museum für ältere deutsche Kunst« befand. Für die Innenausstattung des Deutschen Museums in Berlin wurde unter anderem der Architekt German Bestelmeyer hinzugezogen, der später von 1928 bis 1935 den Studien- und Kongressbau des Deutschen Museums in München plante. Anders als im Münchner Museum gleichen Namens wurde in Ber-

lin deutsche Kunst, vom Mittelalter über die Renaissance bis zum Frühklassizismus, gezeigt. Heute sind hier antike Skulpturen bzw. deren Kopien ausgestellt: von der archaischen Plastik bis hin zur Kunst der griechischen Klassik, des Hellenismus und der Römerzeit. Im Saal rechts vom Pergamonaltar, im so genannten »Miletsaal«, beherrscht die Rekonstruktion des römischen Markttores von Milet das Bild. Das prunkvolle Markttor ist in der römischen Kaiserzeit erbaut worden, als Milet noch immer ein wichtiges Handelszentrum mit Hafenanbindung war. Das Tor orientierte sich mit seiner Schauseite zum Hauptmarkt der Stadt und vereint griechische und römische Architekturformen.

Die großen Architektursäle des Pergamonmuseums strahlen eine Erhabenheit und Würde aus, wie sie sonst wohl nur von sakralen Räumen erreicht wird. Die Dimension der Säle und das gleichmäßige gedämpfte Licht von der Decke, das die Tageszeit des Besuches nicht verrät, schaffen bis heute die passende Atmosphäre für das Studium der antiken Architektur. Die Entstehungsgeschichte der Architektursäle war aber weit weniger beschaulich, sondern von großen Differenzen zwischen den Museumsgestaltern geprägt, die manchmal sogar als »Berliner Museumskrieg« bezeichnet werden. Allein bei der Frage der Aufstellung des Markttores von Milet gingen die Meinungen weit auseinander. Es ist dem diplomatischen Geschick Theodor Wiegands zu verdanken, dass das Markttor überhaupt einen Platz im Inneren des Museums gefunden hat. Generaldirektor Bode und Ludwig Hoffmann wollten das Tor ursprünglich unter freiem Himmel, zwischen Neuem Museum und Nationalgalerie, errichten lassen, was Wiegand kategorisch ablehnte. Das Tor wäre aufgrund von Luftfeuchtigkeit und Luftverschmutzung bald zerstört gewesen – eine Variante, die Wiegands Widersacher offensichtlich reizvoll fanden.

Hintergrund für diesen Streit war vor allem die unterschiedliche kunsthistorische Würdigung, die römisch-kaiserzeitlicher Architektur in jenen Jahren zukam: Bode, Hoffmann und der hinzugezogene Architekt Wilhelm Wille sahen – wie auch weite Kreise der damaligen Gelehrten – allein in der griechischen Antike das große Vorbild. Die römischen Kaiser galten dagegen als dekadent, ihr Leben als zu luxuriös, der Untergang ihres Reiches als vorherbestimmt – warum also sollte man Architektur aus dieser Zeit rekonstruieren und im Museum ausstellen? Wiegand dagegen hatte die kaiserzeitliche Architektur bei seinen Ausgrabungen schätzen gelernt, ihm galt sie durchaus als museumswürdiges Objekt. Um Wilhelm II. von seiner Sichtweise zu überzeugen, präsentierte er dem Kaiser bei einer Visite im August 1908, in der es eigentlich um verschiedene Einrichtungsfragen ging, ein hölzernes Modell des Markttores im Maßstab 1:1. Wie man in seinen Tagebüchern

lesen kann, musste er dabei den Intrigen Ludwig Hoffmanns trotzen. Jener hatte nämlich bewusst die Sichtachse auf das Tor verkürzen lassen, so dass es nicht zur Geltung kam. Erst kurz vor dem Eintreffen des Kaisers konnte Wiegand die optische Präsentation des Modells noch verbessern, sodass der Kaiser es anstatt mit zehn Metern Abstand aus einer Entfernung von 24 Metern begutachten konnte. Wilhelm II. gefiel, was er sah, und Wiegand hob ihn mit dem Satz: »Was Augustus recht war, werden auch Eure Majestät gewiss billigen« in die Reihe der römischen Kaiser, und nun konnten Majestät nicht anders, als mit: »Jawohl!« den Aufbau des Markttores im Pergamonmuseum zu billigen. Noch nicht geklärt war damit allerdings die Frage, wo genau das Tor aufgestellt werden sollte. Während Bode den Pergamonsaal präferierte, konnte sich Wiegand schließlich auch in dieser Frage durchsetzen: Das Markttor von Milet steht heute noch Rücken an Rücken mit dem um vie-

Das Markttor von Milet
im Pergamonmuseum,
1930

les älteren Ischtartor aus dem 6. Jahrhundert v. Chr. und bildet so wieder einen tatsächlichen Durchgang, nämlich den zum Vorderasiatischen Museum.

Schätze aus dem Orient

Schreitet der Besucher durch das römische Markttor, ist er plötzlich von blauen Glasurziegeln umgeben, auf denen Löwen erhaben einherschreiten. Durch das Ischtar-Tor taucht man ein in die Welt Vorderasiens mit ihrem Mittelpunkt Babylon. Die Vorderasiatische Sammlung umfasst 14 Säle. Die Inszenierung mit monumentalen Rekonstruktionen von Toranlagen, Wandgemälden, welche die Ausgrabungsstätten zeigen, sowie einer detailliert ausgearbeiteten Didaktik der Aufstellung galt zur Zeit der Eröffnung als Sensation. Sie wurde nach dem Zweiten Weltkrieg in wesentlichen Teilen wieder

hergestellt und ist im Grundsatz noch heute so zu erleben wie bei seiner Aufstellung. Dem Auge bieten sich die Rekonstruktionen von weltbekannten Prachtbauten dar. Das Ischtar-Tor und die übrigen Funde aus dem Zweistromland waren im Rahmen einer von 1899 bis 1917 dauernden Grabungskampagne unter der Leitung des Archäologen und Bauforschers Robert Koldewey entdeckt worden. Finanziert wurde das Unternehmen von der Deutschen Orient-Gesellschaft, deren Bemühungen um die Kulturschätze Mesopotamiens auch die Unterstützung des deutschen Kaisers fanden. Immerhin versprach man sich von diesen Forschungen genauere Kenntnisse über die Welt des Alten Testaments, in dem die Assyrer und Babylonier eine wichtige Rolle spielten.

Die an das Ischtar-Tor anschließende Prozessionsstraße von Babylon ist ebenfalls mit leuchtend blau glasierten Ziegeln verkleidet, auf denen neben geometri-

Das Ischtartor heute

schen Ornamenten vor allem Stiere, Drachen und goldgelbe Löwen, letztere das Symbol der Göttin Ischtar, zu sehen sind. Am 11. Tag des babylonischen Neujahrsfestes verlief durch diese Prachtstraße die Götterprozession vom auswärtigen Festhaus hin zu den Tempeln im Zentrum. Die im Pergamonmuseum rekonstruierte Prozessionsstraße hat eine Länge von 30 Metern, das ist etwa ein Achtel der Originallänge von mehr als 250 Metern. Die ursprüngliche Breite betrug 20 Meter, im Museum umfasst sie etwa 7 Meter.

Das Ausstellungskonzept des Vorderasiatischen Museums hatte Walter Andrae entworfen, der seit 1928 Direktor des zu diesem Zeitpunkt noch nicht eröffneten Museums war. Mit der sehr durchdachten und didaktischen Inszenierung galt die Ausstellung als Sensation. Im Jahr 1930 wurden zunächst der Saal mit dem Ischtartor und die Prozessionsstraße dem Publikum geöffnet, nach und nach kamen bis 1937 weitere Ausstellungsräu-

me dazu. Andrae war 1898 bis 1903 Mitarbeiter von Robert Koldewey bei den Ausgrabungen in Babylon gewesen und hatte vieles dort Vorgefundene in Form von Zeichnungen und Aquarellen dokumentiert.

Die ersten Funde babylonischer Ziegel waren 1903 nach Berlin gekommen. Da die Bruchstücke einen sehr hohen Salzgehalt aufwiesen, mussten sie zunächst unter Leitung des Chemikers Friedrich Wilhelm Rathgen entsalzt werden, wobei sie gut anderthalb Jahre in Wasserbottichen gelagert wurden, um das Salz nach und nach auszuschwemmen.

Im Ersten Weltkrieg kamen die Grabungen in Babylon zum Erliegen, erst 1926 wurden die Verhandlungen zwischen den Berliner Museen und dem neu gegründeten Irakmuseum in Bagdad über die Teilung der Funde neu aufgenommen. Dabei gelang es, die irakische Seite zu überzeugen, dass nur durch das Zusammenführen der neuen Funde mit den bereits in Berlin befindlichen

eine Rekonstruktion babylonischer Architektur möglich sei. 1927 trafen insgesamt etwa 400 Kisten mit weiteren Ziegelfunden in Berlin ein. Auch diese wurden zunächst entsalzt, bevor die Arbeit der Restauratoren begann: Tausende von Teilen mussten sortiert und zugeordnet werden. Es handelte sich um ein gigantisches Puzzle und damit eine ausgesprochen komplizierte Angelegenheit, die unter ganz anderen restauratorischen Prämissen stattfand, als sie heute gelten würden. Teilweise wurden die Ziegel passend gemacht, indem man sie zurechtschnitt, Fehlstellen wurden mit dicker Ölfarbe ergänzt.

Walter Andrae setzte sich jedoch vehement für eine Rekonstruktion der Reliefs nach wissenschaftlichen Gesichtspunkten ein, die sich stärker an den tatsächlichen Funden orientieren sollte. Die babylonischen Löwen wurden unter seiner Leitung so zusammengesetzt, »dass kein einziges Fundstück gesägt, behackt, kurz bar-

barisch beschädigt worden war. Die Fehlstellen sollten ehrlich als Fehlstellen gezeigt werden«.

Die Ziegel wurden entsalzt, dann aber in ihrem Fundzustand belassen. Nur bei starker Beschädigung durften manche Stellen mit farbigem Gips ergänzt werden. Andrae konnte sogar Kaiser Wilhelm II. davon überzeugen, dass die neue Vorgehensweise besser war; dennoch folgten die Restauratoren oftmals weiter der Meinung, dass die Tiere mit Ergänzungen aus Ölfarbe einfach viel »schöner« aussähen. In seinem 1952 erschienenen Buch »Die versunkene Weltstadt Babylon und ihr Ausgräber Robert Koldewey« reflektierte Andrae: »Ein Glück, dass die Restauratoren langsam gearbeitet haben, so langsam, dass 16 Jahre später noch genügend Klamotten-Material zu Verfügung stand, um die armen Tiere nach meinen Angaben richtig zusammenzusetzen.«

Am Ende der Prozessionsstraße gelangt man zur Rekonstruktion des inneren Tores einer nordsyrischen

Burg aus dem 10. bis 8. Jahrhundert v. Chr. Das Burgtor wurde von Anfang an, ähnlich wie das Markttor von Milet und das Ischtartor, in seiner ursprünglichen Funktion präsentiert, der Besucher muss es durchschreiten, um zu weiteren Schätzen Vorderasiens zu gelangen, darunter Funden aus Syrien, Kleinasien und Mesopotamien, die am westlichen Ende des Südflügels zu sehen sind. Südlich der Prozessionsstraße werden in einem der Säle Objekte aus den Orten Uruk und Habuba Kabira am Euphrat aus dem 4. Jahrtausend v. Chr. gezeigt. Sie geben Aufschluss über die Kunst der Sumerer und die Anfänge der Schriftentwicklung. Auch die so genannte Stiftmosaikfassade vom Tempel der Göttin Inanna in Uruk, vermutlich um 3100 v. Chr., ist hier aufgebaut. Wie schon bei den Burgtoren geht auch diese Konzeption auf den ersten Direktor Walter Andrae zurück. Der Name »Stiftmosaik« bezieht sich auf die angewandte Dekorationstechnik: Mit der Hand gefärbte Tonstifte, in rote, schwarze oder beige Farbe getaucht, wurden auf der Außenwand des Tempels zu einem Mosaik zusammengesetzt.

Seit 1932 ist im Pergamonmuseum auch die Islamische Sammlung untergebracht, in der Kunstwerke aus der Zeit vom 8. bis zum 19. Jahrhundert ausgestellt sind. Sammlungsschwerpunkte sind der Vordere Orient mit dem Iran und Ägypten, ebenso zu finden sind hier Kunstwerke aus Indien oder Spanien. Die Islamische Sammlung ist nicht nur von den gezeigten Kunstepochen her, sondern auch thematisch sehr umfassend: Man findet Architekturdekor in Form von farbigen Wandkeramiken und ornamentierten Gebäudeverkleidungen, Kunsthandwerk – insbesondere Teppiche, Möbel, Gefäßkeramiken, Holz- und Beinschnitzereien, Gläser und Schmuck – sowie islamische Buchkunst. In Form wechselnder Ausstellungen werden Miniaturen und arabischpersische Kalligraphien aus der Moghulzeit ausgestellt. Unter den Exponaten finden sich Fragmente von Stuckwänden aus Palästen in Samarra, daneben Gebetsnischen aus der Türkei und dem Iran, reich dekoriert mit leuchtend farbigen Wandkeramiken. Ein besonders far-

benprächtiger Blickfang ist die mit einem Fayencemosaik in leuchtendem Türkis dekorierte Gebetsnische aus der Beyhekim Moschee in Konya, aus der 2. Hälfte des 13. Jahrhunderts.

Ähnlich wie es Bode mit seinen Stilräumen im Kaiser-Friedrich-Museum konzipiert hatte, zeigen sich einige der Räume des Islamischen Museums als Gesamtkunstwerk. Bode hatte den Aufbau einer Islamischen Abteilung stark befördert und bei ihrer Gründung im Jahr 1904 den Sammler und Archäologen Friedrich Sarre als Direktor durchgesetzt. Wesentlicher Unterschied der Ausstellungskonzeption der Islamischen Sammlung ist aber, dass sie immer als Kunstsammlung und nicht als didaktische Sammlung mit ergänzenden Kopien vorgesehen war. So waren alle ausgestellten Objekte Originale, auch das so genannte Aleppo-Zimmer, die bemalte Holztäfelung eines orientalischen Repräsentationszimmers aus der heute in Syrien gelegenen Stadt Aleppo.

Die Täfelung stammt aus dem 17. Jahrhundert und ist damit gut 100 Jahre älter als die meisten vergleichbaren Raumausstattungen.

Eines der bedeutendsten Stücke der Sammlung ist die fein ornamentierte Kalkstein-Fassade des Kalifenschlosses Mschatta aus dem 8. Jahrhundert n. Chr. Das Wüstenschloss gehörte zu einer Reihe ähnlicher Schlösser, die vom Süden Jordaniens bis in den Norden Syriens gebaut wurden. Der Name »Mschatta« bedeutet »Winterlager«, bezeichnet also einen Aufenthaltsort arabischer Beduinen, die hier, von Burgmauern geschützt, mit ihren Herden überwintern konnten. Wie beschrieben, war die 1904 als Geschenk des türkischen Sultans an Kaiser Wilhelm II. nach Berlin gekommene Mschatta-Fassade ursprünglich unter beengten räumlichen Verhältnissen im Kaiser-Friedrich-Museum ausgestellt. Im Jahr 1932 wurde sie dann in das Pergamonmuseum überführt. Die mit Akanthusblättern, Weinreben und

Tierpaaren geschmückte fensterlose Außenwand befindet sich dort bis heute in einem Oberlichtsaal im Zentrum der Islamischen Sammlung.

Das Museum von 1939 bis heute

Nach Beginn des Zweiten Weltkriegs im Jahr 1939 wurden alle Museen auf der Insel geschlossen, auch das damals erst seit kurzer Zeit geöffnete Pergamonmuseum. Die wertvollen Bestände wurden im Verlauf des Krieges teilweise ausgelagert, in die Flaktürme am Zoo und im Friedrichshain, in die Tieftresore der Reichsmünze oder der Preußischen Staatsbank, in Bergwerksstollen oder einfach in den Museumskeller. Die bis zu vier Meter starken Kellermauern konnten einen wirkungsvollen Schutz geben, wie sich im Nachhinein zeigte: Der Direktor des Vorderasiatischen Museums Walter Andrae hatte »seine« Sammlung komplett in den Keller bringen lassen und es wird berichtet, dass sie die geringsten Verluste aller Berliner Sammlungen aufwies. Die Großarchitekturen konnte man allerdings nicht auslagern, sondern nur durch Vormauerungen, Einhausungen und aufgestapelte Sandsäcke zu sichern versuchen. Allem Aufwand zum Trotz wurde aber zum Beispiel die Mschatta-Fassade stark in Mitleidenschaft gezogen.

Gerade das Pergamonmuseum wurde während der Luftangriffe auf Berlin in den letzten Kriegsjahren schwer getroffen. 1945 wurden die Dächer der drei großen Architektursäle sowie die Lichtdecken zerstört, Schäden durch in das geborstene Dach eindringende Feuchtigkeit waren programmiert. Die Friesplatten des Gigantenfrieses vom Pergamonaltar waren bereits seit 1942 im Flakturm am Zoo untergebracht gewesen. Von dort wurden sie nach dem Krieg von sowjetischer Seite beschlagnahmt und erst 1958 wieder nach Deutschland zurückgegeben. Den Pergamonaltar, im Museum verblieben, hatte man durch Sandsäcke geschützt; die Altartreppe wurde jedoch durch einen Bombentreffer stark beschädigt. Ebenfalls durch Bombensplitter in Mitleidenschaft gezogen wurde das Markttor von Milet. Im Vorderasiatischen Museum im Südflügel überstanden die Prozessionsstraße und das Ischtartor die Luftangriffe ohne größere Verluste. Von den im Museumskeller geretteten Exponaten wurden gleich nach dem Krieg viele Kunstwerke in die Sowjetunion gebracht. 1951 konnten die ersten vier, zwei Jahre später alle 14 Säle des Vorderasiatischen Museums wieder für Besucher geöffnet werden. Seit 1954 waren auch die beiden Architektursäle links und rechts des Pergamonaltars wieder zugänglich, der Pergamonsaal selbst, der weitgehend in der Form von 1930 rekonstruiert wurde, erst ab 1959. Das »Deutsche Museum« kehrte nicht wieder in den Messelschen Bau zurück. Es hatte im Krieg die stärksten Zerstörungen erlitten: Ein Teil seiner Bestände war im Flakbunker am Friedrichshain verbrannt, viele der übrigen Exponate waren nach Westberlin gelangt, wo sie im Museumszentrum in Dahlem gezeigt wurden.

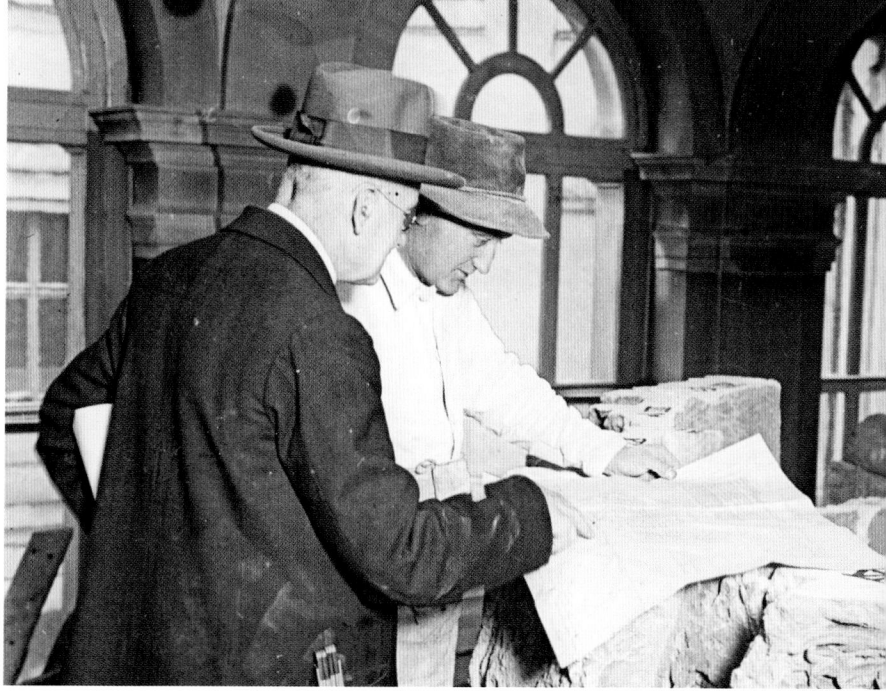

Als im Jahr 1958 große Teile der Antikensammlung aus der Sowjetunion zurückkehrten, wurde entschieden, der Antikensammlung auch die Räume des aufgegebenen Deutschen Museums im Nordflügel zur Verfügung zu stellen. Das zentrale Eingangsbauwerk, von dem aus man sofort zum Pergamonaltar gelangt, wurde erst in den Jahren 1978 bis 1982 errichtet. Vorher erreichte man die Ausstellungen durch Eingänge in den Seitenflügeln. Der von Messel an der Stelle des heutigen Baus geplante Eingang in Form eines antiken Tempels war niemals ausgeführt worden.

Der Kölner Architekt Oswald Mathias Ungers gewann im Jahr 2000 den Architekturwettbewerb zum Umbau und zur Vervollständigung des Pergamonmuseums. In seinem Entwurf ist vorgesehen, »mit einem ergänzenden vierten Flügel ein(en) Hauptrundgang« zu schaffen, »der die monumentale Architektur des Ägyptischen und des Vorderasiatischen Museums, der Antikensammlung und des Museums für Islamische Kunst zu einem Gesamtbild vereinigt.« Die Idee eines vierten Flügels, der das Museumsforum schließt, geht im Prinzip auf die Idee Alfred Messels zurück, den Ehrenhof mit Kolonnaden abzuschließen. Ab 2012 soll auch das Museum für Islamische Kunst in den Nordflügel ziehen, genau in den Bauteil, in dem einst das »Deutsche Museum« beheimatet war. Mit den Plänen von Ungers wird eine erneute »Vollendung« des Museums angestrebt. Im Inneren des Bauwerks sind noch auf lange Zeit hinaus weitere denkmalpflegerische Arbeiten notwendig, insbesondere bei den Architektursälen. Mit der Ergänzung durch den vierten, abschließenden Flügel, den neuen Ausstellungskonzeptionen und dem Anschluss des Museums an die geplante »Archäologische Promenade« sollte das Pergamonmuseum die Bedeutung innerhalb der Insel bekommen, die Wilhelm von Bode ihm einst prophezeite – ein wirkungsvolles »Zentrum sämtlicher Bauten der Museumsinsel« zu werden.

Doch die Sanierungs- und Umbauarbeiten am Pergamonmuseum werden äußerst kontrovers diskutiert – ähnlich wie zuvor der Umbau des Neuen Museums durch David Chipperfield. Das im Herbst 2009 wiedereröffnete Neue Museum, das man aus heutiger Sicht als gelungen betrachten muss, war allerdings eine Ruine, viele historische Bestände waren stark kriegszerstört oder vollständig verschwunden. Beim Pergamonmuseum sieht die Situation anders aus. Nikolaus Bernau fass-

Kriegszerstörung im Pergamonsaal, 1943

Das Pergamonmuseum im Überblick

Name	Pergamonmuseum
erbaut	1910–1930
Architekt(en)	Alfred Messel, Ludwig Hoffmann
eröffnet	1930
Sanierungen	seit 2000 (Oswald Mathias Ungers, † 2007, die Arbeiten werden durch sein Büro weitergeführt)
Sammlungen / Dauer-ausstellungen heute	Antikensammlung Vorderasiatisches Museum Museum für Islamische Kunst

Rekonstruktion des Pergamonaltars vor der Wiedereröffnung im Oktober 1959

te die Situation im Januar 2011 in der »Zeit« prägnant zusammen: »Erstaunlicherweise ist ja das Museum trotz aller Abnutzungen weitgehend im Ursprungszustand erhalten, mit Steinfußböden, hölzernen Fenstern, eisernen Oberlichtkonstruktionen, Türen, Treppen und Geländern, Heizungsverkleidungen, sogar Wandfarben und Bildhängeleisten aus der Entstehungszeit. In keinem anderen Museumsbau kann man heute noch so viel sehen von jenen richtungsweisenden Reformen, die die deutschen Museen bis lange nach dem Zweiten Weltkrieg weltweit zum Vorbild werden ließen.« Und um die

Erhaltung bestehender Strukturen vor dem Hintergrund des Massentourismus muss es eben auch gehen, will man dem Anspruch der Museumsinsel als UNESCO-Weltkulturerbe gerecht werden. Bei den anderen vier Museen auf der Museumsinsel ist die Generalsanierung – zumindest vorerst – weitestgehend abgeschlossen. Das Pergamonmuseum ist dagegen schon seit seiner Entstehung ein unvollendetes Projekt geblieben. Wie es mit ihm weitergeht bleibt abzuwarten, als möglicher, aber sehr optimistischer Fertigstellungstermin wird das Jahr 2025 genannt.

Modell zur Vollendung des Pergamonmuseums von Oswald Mathias Ungers, 2000

EIN BLICK IN DIE ZUKUNFT

Tag für Tag strömen tausende Menschen aus der ganzen Welt auf die Museumsinsel. Die Träume der Kunstförderer und Museumsschöpfer des 19. Jahrhunderts sind Realität geworden: Der Besuch von Museen, Ausstellungen und Bibliotheken gehört heute zum Alltag. Zugang zu Bildung und Kultur ist hier möglich und bleibt nicht nur einer Elite vorbehalten. In den Berliner Museen breitet sich vor dem Betrachter ein einzigartiges Panorama der Weltkultur aus; alle wichtigen Kunstepochen und Gattungen sind hier auf knapp einem Quadratkilometer präsent. Allein die Aufzählung der Sammlungen klingt verheißungsvoll: die Antikensammlung, das Ägyptische Museum mit der Papyrussammlung, das Museum für Vor- und Frühgeschichte, das Vorderasiatische Museum, das Museum für Islamische Kunst, die Skulpturensammlung und das Museum für Byzantinische Kunst, das Münzkabinett und die Alte Nationalgalerie. Und doch ist die Museumsinsel nicht ganz vollendet, gibt es offensichtlich Steigerungsmöglichkeiten: Viele Schätze, die bislang noch in den Magazinen lagern, könnten zugänglich gemacht werden; die Präsentation muss stets an neueste Erkenntnisse und Zuordnungen angepasst werden; die einzelnen Museen sollen enger miteinander verknüpft werden; der Bequemlichkeit der Besucher könnte mehr geboten werden, zum Beispiel durch größere Museumsshops und Cafés.

Wie eingangs erwähnt, gibt es drei inhaltlich aufeinander folgende Masterpläne, die zur Vernetzung der Museumslandschaft Berlins und zur Steigerung ihrer Attraktivität beitragen sollen. Zentrales Thema ist dabei die »Archäologische Promenade«, ein repräsentativer Verbindungsgang, der über ein gemeinsames Eingangsbauwerk Bode-Museum, Pergamonmuseum, Neues Museum und Altes Museum auf der bis heute vorwiegend für Depots und Verwaltung genutzten »Ebene 0« verbinden wird. Ausgenommen von diesem zentralen Zugang bleibt die Alte Nationalgalerie. Die Promenade soll den Besucher auf kurzem Weg und unter der Erde durch vier der fünf Museen geleiten – von Höhepunkt, zu Höhepunkt, als sammlungsübergreifende Präsentation. Die Idee, die Museen untereinander zu verbinden, so dass der Kunstliebhaber komfortabel und bei jedem Wetter von Exponat zu Exponat gelangen kann, ist freilich nicht neu: Bereits das Alte und das Neue Museum waren per Übergang miteinander verbunden.

Jedes Museum auf der Insel wird auch weiterhin ein Solitär bleiben und über seinen historischen Eingang zugänglich sein. Damit bleibt die Möglichkeit des individuellen Besuchs und der ungestörten Kontemplation mit den Kunstwerken erhalten, abseits von Touristenströmen und Reisegruppen. Neben der »Archäologischen Promenade« wird es einen Hauptrundgang geben, bei dem der Besucher zu ausgewählten Highlights geleitet wird, die einen Überblick über die Monumentalarchitektur der antiken Welt geben können.

Befürworter von Promenade und Hauptrundgang sehen darin einen Kompromiss zwischen den Ansprüchen des Massentourismus und einem schonendem Umgang mit der Weltkultur. Kritikern ist beides eine Rennstrecke, die zwangsläufig zu mangelnder Tiefe bei der Beschäftigung mit den ausgestellten Kunstwerken führen wird. Dieser Konflikt ereilt heute zwangsläufig immer wieder historische Schlösser, Parks und eben auch Museen. Will man Kunst und Kultur allgemein zugänglich machen, muss man wohl auch damit leben, dass dieses Angebot angenommen wird, und daher entsprechende organisatorische Regeln für große Besucherströme treffen.

Über das von David Chipperfield entworfene zentrale Eingangsgebäude, die »James-Simon-Galerie«, gelegen auf dem Gelände des Alten Packhofs, zwischen Neuem Museum und Kupfergraben, werden sich sowohl »Archäologische Promenade« als auch Hauptrundgang erschließen. Ganz im Sinne ihres Namensgebers, des großen Berliner Mäzens und Sammlers, wird die »James-Simon-Galerie« Wege zur großen Kunst aufzeigen. Ganz praktisch, aber ebenso wichtig, wird sie wichtige Serviceeinrichtungen wie Museumscafé, Shop und Auditorium aufnehmen. In wechselnden Präsentationen können sich bereits im Eingangsgebäude die einzelnen Museen und Sammlungen dem Besucher vorstellen.

Den Auftakt zum Hauptrundgang wird der neue Flügel des Pergamonmuseums bilden, der den Ehrenhof zum Kupfergraben hin abschließen soll; ein vierter Gebäudeflügel war bereits in den Kolonnaden-Planungen Alfred Messels vorausgedacht. Hier wird man auf das nubische Tempeltor von Kalabscha und den Pyramidentempel des Sahurê treffen – beides wichtige Zeugnisse ägyptischer Architektur. Durch das Tor des hethitischen Palastes vom Tell Halaf mit seinen überlebensgroßen Götterstatuen gelangt man zur Prozessionsstraße von Babylon und bis zum Ischtar-Tor. Dahinter

öffnen sich die der griechischen und römischen Antike gewidmeten Säle, mit dem Markttor von Milet und dem Pergamonaltar. In das Hauptgeschoss des Nordflügels wird das Fassadenfragment des frühislamischen Wüstenschlosses von Mschatta umziehen und somit den eindrucksvollen Abschluss des Hauptrundganges bilden.

Die »Archäologische Promenade« ist weitaus umfänglicher als der Hauptrundgang, ihren Abschluss bilden im Norden die Sammlungen des Bodemuseums, im Süden das Alte Museum mit seinen Antiken. Die Breite des in den Häusern der Insel gesammelten Wissens wird in einer einzigartigen Dichte erlebbar sein. Nicht nur auf eine inhaltlich anspruchsvolle Präsentation darf sich der Besucher freuen, sondern auch auf eine eindrucksvolle Innenarchitektur: Hohe, lichte Räume werden mit Innenhöfen und überwölbten Passagen wechseln – ganz dem Charakter der Sammlungen angepasst.

Das Alte Museum ist 1830 eröffnet worden, der Masterplan Museumsinsel könnte im Jahr 2015 seine Vollendung finden. Knapp 200 Jahre Berliner Museumsinsel, mit Sammlungen, die 600000 Jahre Menschheitsgeschichte umfassen. Und die Zukunft? Wie könnte ein ganz gewöhnlicher Morgen auf der Museumsinsel in 200 Jahren aussehen? Vielleicht so: Einzelbesucher und Reisegruppen drängen sich schon an den Museumseingängen oder vor der »James-Simon-Galerie«, dem zentralen Eingangsbauwerk. Und dann geht sie los, die ganz persönliche Eroberung des Weltkulturerbes, das nun ergänzt wird durch viele neue Forschungsergebnisse und Erkenntnisse, welche die Museumsinsel weiterhin als einen „Hort der Kunst" definieren und angesichts der Fülle neuer Exponate sicher erneut zu einem Weiterbau des Museumsareals führen werden.

ANHANG

LITERATUR

Adler, Friedrich: Das Neue Museum in Berlin, in: Zeitschrift für Bauwesen Berlin 3 (1855), S. 23–34 u. 571–586

Alte Nationalgalerie. Plan/Information, Staatliche Museen zu Berlin, Stiftung Preußischer Kulturbesitz, Stand 6/2010

Andrae, Walter: Babylon. Die versunkene Weltstadt und ihr Ausgräber Robert Koldewey, Berlin 1952

Architekten-Verein zu Berlin (Hrsg.): Berlin und seine Bauten, Berlin 1877.

Barth, Matthias: Altes Museum, Bad Homburg/Leipzig 1996

Ders.: Alte Nationalgalerie, Bad Homburg/Leipzig 1998

Bartke, Eberhard/Gohlke, Peter: Neue Eingangslösung für das Pergamonmuseum in Berlin, in: Architektur der DDR, 4/1983, S. 232–240

Bauakademie der DDR (Hrsg.): Karl Friedrich Schinkel. Sein Wirken als Architekt: Ausgewählte Bauten in Berlin und Potsdam im 19. Jahrhundert, bearb. v. Waltraud Volk, Berlin 1981

Bernau, Nikolaus: Museumsinsel Berlin (Die Neuen Architekturführer, Sammelband Nr. 6), Berlin 2006

Ders.: Rettet das Pergamonmuseum, in: Die Zeit, Nr. 3 vom 13.01.2011

Ders.: Gäbe es Stuck, gäbe es keinen Konflikt, in: Berliner Zeitung, 31.3.2011

Brandenburgs Kurfürsten – Preußens Könige: Das Taschenlexikon, Berlin/Karwe 2001

Betthausen, Peter: Karl Friedrich Schinkel, Berlin 1986

Blauert, Elke/Bähr Astrid (Hrsg.): Neues Museum. Architektur, Sammlung, Geschichte, Staatliche Museen zu Berlin, Publikation anl. der Wiedereröffnung des Neuen Museums im Oktober 2009

Bode-Museum (vormals Kaiser Friedrich Museum). Plan/Information, Staatliche Museen zu Berlin, Stiftung Preußischer Kulturbesitz, Stand 10/2007

Bode, Wilhelm: Denkschrift betreffend Erweiterungs- und Neubauten bei den Königlichen Museen in Berlin, Berlin 1907

Ders.: Alfred Messel's Pläne für die Neubauten der Königlichen Museen, in: Jahrbuch der Königlich Preußischen Kunstsammlungen, Berlin 31/1910, S. 58–63

Ders.: Die geplanten Neubauten auf der Museumsinsel, Architekt: Alfred Messel, in: Deutsche Bauzeitung, Berlin 44/1910, S. 205–209, S. 217–221

Börsch-Supan, Eva: Berliner Baukunst nach Schinkel 1840–1870 (Studien zur Kunst des 19.Jahrhunderts, Bd. 25), München 1977

Bohle-Heintzenberg, Sabine/Hamm, Manfred: Architektur und Schönheit. Die Schinkelschule in Berlin und Brandenburg, Berlin 1997

Bolduan, Dieter/Goralczyk, Peter/Mehlan, Heinz/Weiss, Horst: Karl Friedrich Schinkel (1781–1841), Aus seinem Berliner Schaffen, Berlin 1981

Borgmeyer, Anke/Diller, Gilbert/Schuller, Manfred/Spaenle, Martin: Zur Bestandsaufnahme des Neuen Museums, in: Zentralinstitut für Kunstgeschichte München (Hrsg.), Berlins Museen: Geschichte und Zukunft, München 1994, S. 129–138

Buttlar, Adrian von: Neues Museum Berlin, Architekturführer, Staatliche Museen zu Berlin, Berlin/München 2009

Chapuis, Julien/Brenner, Klaus Theo/Krohm, Dominik: Typologie der Museumsarchitektur – Ideen für eine Erweiterung des Bode-Museums, Ein Projekt der FH Potsdam in Kooperation mit den Staatlichen Museen zu Berlin, Ausstellung vom 21. April bis 16. Mai 2010 im Bode-Museum Berlin

Cullen, Michael S./Stockhausen, Tilman: Das Alte Museum, Berlin 1998

Das Neue Museum (Konservieren, Restaurieren, Weiterbauen im Welterbe), Leipzig 2009

Das neue Museum zu Berlin, in: Zeitschrift für Bauwesen, 1853

Dorgerloh, Hartmut: Die museale Inszenierung der Kunstgeschichte – das Bild- und Ausstattungsprogramm des Neuen Museums in Berlin, Diplomarbeit Humboldt-Universität, Betreuer Dr. Ernst Badstübner, 1987

Ders.: Museale Inszenierung und Bildprogramm im Neuen Museum, in: Zentralinstitut für Kunstgeschichte München (Hrsg.), Berlins Museen: Geschichte und Zukunft, München 1994, S. 79–86

Durand, Jean-Nicolas-Louis: Précis des leçons d'architecture données à l'école royale polytechnique, 2 Bde., Paris 1802/1805 (Nachdruck Unterschneidheim 1975)

Forster-Hahn, Françoise: Weihestätte der Kunst oder Wahrzeichen einer neuen Nation? Die Nationalgalerie(n) in Berlin 1848–1968, in: Zentralinstitut für Kunstgeschichte München (Hrsg.), Berlins Museen: Geschichte und Zukunft, München 1994, S. 155–164

Friedrich August Stüler: Das neue Museum in Berlin, Berlin 1862

Gaehtgens, Thomas W.: Die Berliner Museumsinsel im Deutschen Kaiserreich, München 1992

Geiß, Moritz: Zinkguß-Ornamente nach Zeichnungen von Schinkel, Stüler, Strack, Persius (...) in genauen Abbildungen nach dem Maßstabe zum Gebrauch für Architekten, Bauhandwerker und alle der Ornamentik Beflissenen, Musterheft, Berlin 1844

Grabowski, Jörn (Hrsg.), unter Mitarbeit von: Barbara Götze und Petra Ettinger: Die Akten der Nationalgalerie, 1874-1945, Findbuch, Bestandsverzeichnisse Band 2, Zentralarchiv Staatliche Museen zu Berlin, 2001

Grabowski, Jörn / Winter, Petra (Hrsg.), unter Mitarbeit von: Beate Ebelt und Carolin Pilgermann: Kunst recherchieren – 50 Jahre Zentralarchiv der Staatlichen Museen zu Berlin, Berlin / München 2010

Haspel, Jörg: Zur Zukunft des Neuen Museums. Erhaltung und Wiederaufbau als denkmalpflegerische Notwendigkeit, in: Zentralinstitut für Kunstgeschichte München (Hrsg.), Berlins Museen: Geschichte und Zukunft, München 1994, S. 139–154

Heine, Heinrich: Reisebriefe und Bilder, Berlin 1981

Heilmeyer, Wolf-Dieter / Heres, Huberta / Maßmann, Wolfgang: Schinkels Pantheon. Die Statuen der Rotunde im Alten Museum, Mainz 2004

Heuler, Norbert / Schlotmann Heinrich: Die Museumsinsel in der Modernisierung, in: Zentralinstitut für Kunstgeschichte München (Hrsg.), Berlins Museen: Geschichte und Zukunft, München 1994, S. 51–56

Hirt, Alois: Über die Einrichtung eines Königlichen Museums der Antiken und einer Königlichen Gemäldegalerie«, Berlin 1789

Hofmann, Albert: Die Neubauten auf der Museuminsel in Berlin, in: Deutsche Bauzeitung 41/1907, S. 117–119, S. 185–187, S. 722–732

Hüter, Karl-Heinz: Architektur in Berlin, 1900–1933, Dresden 1987

Karl Friedrich Schinkel (1781–1841). Ausstellung im Alten Museum vom 23. Oktober 1980 bis 29. März 1981, Staatliche Museen zu Berlin / Hauptstadt der DDR in Zusammenarbeit mit den Staatlichen Schlössern und Potsdam-Sanssouci, Berlin 1981

Kloss-Weber, Julia: Alte Nationalgalerie / Die Sammlung des Bankiers Wagener, in: Museumsjournal, Berichte aus den Museen, Schlössern und Sammlungen in Berlin und Potsdam (zugleich: Berliner Museen, 6. Folge), Berlin 2/2011, S. 50

Knapp, Gottfried: Ernst von Ihne / Heinz Tesar, Bode-Museum Berlin, Berlin 2008

Krause, Annett: Die Berliner Museumsinsel (Der historische Ort, Nr. 104), Berlin 2000

Lepik, Andreas (Hrsg.): Masterplan Museumsinsel Berlin: ein europäisches Projekt, Neues Museum, Ausstellung vom 23. September bis 5. November 2000, Staatliche Museen zu Berlin, Preußischer Kulturbesitz, Berlin 2000

Löwe, Dr. Ph.: Das Neue Museum. Eine ausführliche Beschreibung seiner Kunstwerke und Sehenswürdigkeiten, 9. Auflage, Berlin 1858

Ders.: Das Neue Museum. Verzeichniss des Sehenswürdigsten mit mehrfachen Erklärungen, 21. verb. und stark verm. Auflage, Berlin 1868

Lorenz, Werner: Stülers Neues Museum – Inkunabel preußischer Konstruktionskunst im Zeichen der Industrialisierung, in: Zentralinstitut für Kunstgeschichte München (Hrsg.), Berlins Museen: Geschichte und Zukunft, München 1994, S. 99–128

Ders.: Kernform und Kunstform – Preußische Konstruktionskunst im Zeichen der Industrialisierung, in: Das Neue Museum (Konservieren, Restaurieren, Weiterbauen im Welterbe), Leipzig 2009, S. 37–43

Matthes, Olaf: Pergamonmuseum, Berlin 2006

Mai, Ekkehard: Kanon und Dekorum. Zur Repräsentanz und Präsentation der Berliner Museumsbauten von Schinkel bis Kreis, in: Zentralinstitut für Kunstgeschichte München (Hrsg.), Berlins Museen: Geschichte und Zukunft, München 1994, S. 27–44

Ministerialblatt für die Preußische Verwaltung, 79. Jg. 1918 / 80. Jg. 1919

Museumsinsel Berlin: der Wettbewerb zum Neuen Museum; eingeladener Wettbewerb für die Planung der Wiederherstellung des Neuen Museums und der Errichtung von Ergänzungs- und Verbindungsbauten zur Zusammenführung der Archäologischen Sammlungen der Staatlichen Museen zu Berlin, Stuttgart / Berlin / Paris 1994

Nerdinger, Winfried (Hrsg.): Leo von Klenze, Architekt zwischen Kunst und Hof 1784–1864, Katalog zur Ausstellung des Architekturmuseums der TU München und des Münchner Stadtmuseums vom 12. Mai bis 3. September 2000, München 2000

Ohff, Heinz: Karl Friedrich Schinkel oder die Schönheit in Preußen, München / Zürich 2000

Ders.: Karl Friedrich Schinkel, Berlin 2003

Paul, Barbara: Der französische Impressionismus in der Nationalgalerie. Vom Streitobjekt zum Publikumsliebling, in: Zentralinstitut für Kunstgeschichte München (Hrsg.), Berlins Museen: Geschichte und Zukunft, München 1994, S. 165–180

Dies.: Wilhelm von Bodes Konzeption des Kaiser Friedrich-Museums. Vorbild für heute?, in: Zentralinstitut für Kunstgeschichte München (Hrsg.), Berlins Museen: Geschichte und Zukunft, München 1994, S. 205–220

Petras, Renate: Die Bauten der Berliner Museumsinsel, Berlin 1987

Pevsner, Nikolaus: Europäische Architektur von den Anfängen bis zur Gegenwart, München 1994

Poeschken, Gerd: Der Messel-Bau, in: Zentralinstitut für Kunstgeschichte München (Hrsg.), Berlins Museen: Geschichte und Zukunft, München 1994, S. 239–246

Preiß, Achim: Von der Museumsinsel zur Museumsmetropole. Die Planungen des Dritten Reiches, in: Zentralinstitut für Kunstgeschichte München (Hrsg.), Berlins Museen: Geschichte und Zukunft, München 1994, S. 247–260

Rave, P. O.: Die Anfänge der Denkmalpflege in Preußen, in: Deutsche Kunst und Denkmalpflege, Jg. 1935, S. 34–44

Schätze der Weltkultur. Staatliche Museen zu Berlin, Berlin 1980

Schoeps, Julius H. / Bildarchiv Preußischer Kulturbesitz (Hrsg.): Preußen. Geschichte eines Mythos, Berlin 2001

Schuster, Peter-Klaus: Die Alte Nationalgalerie, Köln 2003

Ders.: Museumsinsel Berlin, Köln 2004

Sheehan, James J.: Geschichte der deutschen Kunstmuseen. Von der fürstlichen Kunstkammer zur modernen Sammlung, München 2002

Spiker, Samuel Heinrich: Berlin und seine Umgebung im 19. Jahrhundert, Berlin 1833 (Nachdruck Berlin 1999)

Strittmatter, Judka: Die Berliner Museumsinsel. Eine Insel, fünf Museen, 100000 Kunstwerke, München/Berlin/London/New York 2009

Streidt, Gert/Feierabend, Peter (Hrsg.): Preußen – Kunst und Architektur, Köln 1999

Szambien, Werner: Die Berliner Museumsinsel und ihre Stellung in der internationalen Museumspolitik des 19. Jahrhunderts, in: Zentralinstitut für Kunstgeschichte München (Hrsg.), Berlins Museen: Geschichte und Zukunft, München 1994, S. 45–50

Voss, Kaija: Rund um die Museumsinsel, 2. Aufl., Berlin 2005

Voss, Kaija: Die Parks der Berliner, Berlin 2006

Waagen, Gustav: Karl Friedrich Schinkel als Mensch und Künstler, 1844

Waetzoldt, Wilhelm: Denkschrift über die Berliner Museen als Forschungsstätte, 1931

Wagner, Monika: Wohin mit der verlorenen Geschichte? Kaulbachs weltgeschichtlicher Bildzyklus im Neuen Museum, in: Zentralinstitut für Kunstgeschichte München (Hrsg.), Berlins Museen: Geschichte und Zukunft, München 1994, S. 87–98

Wedel, Carola (Hrsg.): Die neue Museumsinsel, Der Mythos – Der Plan – Die Vision, Berlin 2002

Dies. (Hrsg.): Das Pergamonmuseum, Menschen, Mythen, Meisterwerke, Berlin 2003

Dies. (Hrsg.): Das Bode-Museum. Schatzkammer der Könige, Berlin 2006

Zentralinstitut für Kunstgeschichte (Hrsg.): Berlins Museen: Geschichte und Zukunft, München 1994

Zentralverwaltung Königliche Museen zu Berlin (Hrsg.): Führer durch das Kaiser Friedrich-Museum, Berlin 1904

365 Tage Kunstgenuss. Band 3, Meisterwerke aus den Staatlichen Museen zu Berlin, in Zusammenarbeit mit bpk Bildagentur für Kunst, Kultur und Geschichte, München/Berlin/London/New York 2008

DANK

Dieses Buch hätte nicht entstehen können ohne die gleichermaßen fachlich fundierte wie wohlwollende Unterstützung der Bildagentur bpk und des Zentralarchivs der Staatlichen Museen zu Berlin – Stiftung Preußischer Kulturbesitz. Mein ganz besonderer Dank gilt dabei Hanns-Peter Frentz, dem Leiter des bpk, und seiner Stellvertreterin Christina Stehr, die das Projekt von Anfang an mit großem Engagement und Interesse begleitet und gefördert haben. Ebenso herzlich danken möchte ich Dr. Jörn Grabowski, dem Leiter des Zentralarchivs sowie seinen Mitarbeiterinnen Beate Ebelt und Carolin Pilgermann, besonders für die kritische Durchsicht der Texte. Herrn Detlev Botschek und den übrigen Mitarbeitern des Archivs gilt mein Dank dafür, dass sie mir unkomplizierte Möglichkeiten der Recherche und schnellen Zugang zum umfangreichen Bildbestand des Zentralarchivs sowie zur hauseigenen Kunstbibliothek eröffnet und mich durch die Bereitstellung und Aufbereitung von Archivmaterial sehr unterstützt haben.

ABBILDUNGSNACHWEIS